道徳科授業サポートBOOKS

特別の教科 道徳入門

道徳授業が不安な先生のための

野平 慎二・竹井 史 著

道徳とは何か
道徳教育とは何か
道徳授業をどう進めるか

50のQ&Aでストンとわかる！

明治図書

はじめに

　動物園の人気者のおサルさんは、「サルとは何か？」と考えたりはしません。これに対して私たち人間は、「人間とは何か？」を考えます。おサルさんは、「昨日のバナナはおいしかったけど今日のはおいしくない」とは考えません（たぶん）。ひるがえって私たち人間は、「今日はダメダメだったけど、明日はよくなるかな」などと考えます。私たち人間には、今ここにないものを思い描いたり、自分ではない人の立場に立って考えたりする想像力があるようです。

　人は誰でも、幸せに生きたいという願いをもっています。また、自分だけでなく他の人も幸せになるといいな、という思いをもつことができます。少なくとも、自他の不幸を願いながら生まれてくる人はいません。けれども、成長していくにつれて、何が幸せかは人によって異なるようになり、時に対立や衝突を生みます。憎悪（の記憶）が憎悪を呼び、殺し合いにまで発展するのも、悲しいかな人間だけです。おサルさんはそんなことはしません（たぶん）。故ネルソン・マンデラ氏は、「もし憎むことを学べるのなら、愛することを教えることもできる」と語っています。自分を大切にし、それと同じくらい他人を大切にすること。これが道徳と呼ばれるものであり、それを教えるのが道徳教育ではないかと考えます。

この本は，学校の道徳科の授業を担当する先生，担当するかもしれない学生さん，道徳教育に関心をもつ一般の人を念頭に置きながら，道徳とは何か，道徳教育とは何か，道徳科の授業をどのように進めていけばいいかについての私たち2人の対談を，50のトピックスにまとめて収めたものです。どこから読み始めてもらってもかまいません。道徳教育についての私たちの考え方は，上記のとおり至ってシンプルですが，ただ，実際にやろうとするとなかなか難しいことも事実です。人（子ども）を変えるには時間と労力がかかります。親や学校の先生だけが子どもを成長させているわけではなく，子どもはいろんな人や物事から影響を受けながら育っていきます。変える（教える）ことができたと思っても，思いもかけない学び方をしている場合だってあります。子どもは他者ですので，こちらの思いどおりにならなくて当然です。

　46億年と言われる地球の歴史を1年に縮めると，人類（ホモ＝サピエンス）が誕生したのは大晦日の午後11時半頃になるようです。地球史からみるとほんの短い時間の間に，私たちはより真正な知を求めて，努力と失敗を重ねてきました。今もって「人間とは何か」「善く生きるとはどういうことか」といった問いに結論は出ていません。おそらくこれからも正解が得られることはないでしょうし，さまざまに異なる考えを持ち寄りみんなで議論して考え続けること，失敗してもそのつど立ち上がって前に進むことこ

そ，人間のいいところのひとつではないでしょうか（おサルさんはどう思うでしょうか）。

　道徳科の授業について「うまくいかない」「自信がない」，あるいは「道徳には答えがないんだからどんな意見も正解」といった声がしばしば聞かれます。学校は，失敗しても立ち上がる力を子どもたちに授ける場であるはずなのですが，どうも今日では政治や社会の目が非常に近視眼的になり，先生にも子どもたちにもなかなか失敗が許されない場になっているようです。もちろん，この本を読めば必ず授業が成功して子どもたちが育つ，というわけではありません。ただ少なくとも，「失敗は許されない」と硬くなるのではなく，失敗から学び，そのつどよりよい答えを探す姿勢で臨むほうが，先生にとっても子どもたちにとっても，いい意味で肩の力を抜いて前に向かって進むことができるでしょう。この本を読んでくださる皆さんの気持ちが少しでも楽になり，道徳の授業への元気がわいてくるようであれば幸いです。

2018年1月

　　　　　　　　　　　　著者を代表して　野平慎二

本書の進め方

- 本書は，道徳や道徳教育と道徳科の授業について，徳道大学の「しん」と「びー」の2人が，50のQ&Aでやさしく解説したものです。
- 内容は，「1．道徳教育と教育課程」「2．道徳教育と学習指導要領」「3．道徳科の授業づくり」「4．道徳教育の評価」「5．道徳教育の原理」という5章からなっています。
- 読者の皆さんの興味・関心に応じてどこから読み始めてもらってもかまいません。
- Q&Aの末尾には，ポイントや補足となる 📖 を付しています。お急ぎの方はこちらだけでも大丈夫です。
- 巻末には「ブックガイド」を載せています。道徳教育についてさらに考えを深める際の参考にしてください。
- 飲み物を片手にリラックスしてお読みください。

登場人物紹介

平野 心（ひらの　しん）

徳道大学教授。通称「しん」。瞑想が日課。煩悩と闘いつつ道徳哲学について研究している。

京 美徳（きょう　びとく）

徳道大学教授。通称「びー」。カメラ，ナイフ，ワインをこよなく愛する。煩悩を克服する想像力について研究している。

CONTENTS

はじめに 2
本書の進め方 5

1 道徳教育と教育課程

1 **道徳**はなぜ「**特別の教科**」になったのですか。 10
2 道徳性は日常生活のなかで養われるのではないですか。**道徳科の授業**には**意味**があるのでしょうか。 14
3 学校での**教育活動全体を通じて行う道徳教育**をどのように考えればいいですか。 16
4 **他教科・領域における道徳教育**をどのように考えればいいですか。 18
5 **道徳教育の全体計画・年間指導計画**とはどのようなものですか。 22
6 「**主体的・対話的で深い学び**」の重要性が唱えられていますが，道徳科の授業と関係があるのですか。 26
7 **人権教育と道徳教育**はどうつながるのですか。正反対のように思えるのですが。 30
8 **ESD（持続可能な開発のための教育）と道徳教育**はどのような関係にあるのですか。 34
9 **キャリア教育と道徳教育**は何か関係があるのですか。 38
10 **シティズンシップ教育と道徳教育**は何か関係があるのですか。 42

2 道徳教育と学習指導要領

11 **道徳教育・道徳科の目標**はどのようなものですか。 44
12 **道徳性**とはどのようなものですか。 46
13 道徳科の授業で**判断力**を磨いても,実際の生活で正しい判断ができるとは限らないのではないですか。 48
14 **道徳科で扱う内容**はどのようなものですか。 50
15 現実の生活場面にはさまざまな**内容項目**が混在しています。内容項目に区別して教える意味はどこにあるのですか。 54
16 **道徳教育**が教師の価値観の**押しつけ**になっていないか心配です。 58
17 **物事を多面的,多角的に考える**学習の必要性が説かれていますが,どういうことですか。 60
18 **考える道徳**への転換が叫ばれていますが,考えさせるのは難しいです。 64
19 **議論する道徳**への転換が叫ばれていますが,なかなか議論になりません。 68
20 **教科書**はどのように使えばいいのですか。 72
21 **問題解決的な学習**が奨励されていますが,どのようにすればいいのですか。 76
22 **体験的な活動**を取り入れた学習が奨励されていますが,どのようにすればいいのですか。 80
23 子どもたちが**主体的に道徳の学びに向かう**にはどうすればいいのでしょうか。 84
24 道徳教育にとって**言語活動**はどのような意味をもちますか。 86
25 **現代的な課題**と道徳教育とをどのように関連づければいいでしょうか。 90
26 道徳科の**学習指導案**には何を書けばいいのですか。 92
27 「**主題**」と「**ねらい**」はどう違うのですか。 94

CONTENTS 7

3 道徳科の授業づくり

28 **主題設定の理由**とはどのようなものですか。 96
29 **学習指導過程**はどのように組み立てるといいですか。 98
30 道徳科の授業はどのような**手順**でつくっていけばいいですか。 100
31 **道徳の資料**にはどのようなものがありますか。どのように使えばいいですか。 104
32 **発問**を考えるのが難しいです。 108
33 **板書**を構造化するにはどのようにすればいいですか。 114
34 **ワークシート**はどのように活用すればいいでしょうか。 118
35 道徳科の授業にはどのような**姿勢**で臨めばいいですか。 120

4 道徳教育の評価

36 完璧でない先生が子どもたちの道徳性を**客観的に評価**できるのですか。 124
37 道徳科の**評価はどのように**すればいいのですか。 128
38 道徳科の**評価の文章**が毎学期同じような言葉になってしまいます。 132
39 授業ではよい発言をするのに**好ましくない行動をとる子ども**をどのように評価すればいいですか。 134
40 **評価を通した授業改善**をどのように考えればいいでしょうか。 136

5 道徳教育の原理

41 道徳教育は**きれいごと**にすぎないのではないですか。 138
42 道徳教育というと大人の言うことに従わせる**堅苦しいイメージ**があるのですが。 142
43 道徳教育は**心の教育**なのですか。 146
44 人間は結局のところ**利己的**なのではないのですか。人間は**利他的**になれるのでしょうか。 150
45 今日の**子どもたちの道徳性**は低下しているのでしょうか。 154
46 道徳教育は本来**家庭で行われるべきもの**ではないのですか。 156
47 **学校での道徳教育**に効果があるように思えないのですが。 158
48 **道徳教育の歴史**を学ぶことに意味はあるのですか。 160
49 **これからの社会**ではどのような**道徳教育**が求められるのでしょうか。 164
50 そもそも**道徳を教える**ことはできるのですか。 168

ブックガイド 170
おわりに 175

Q1

道徳の教科化

道徳はなぜ「特別の教科」になったのですか。

A 子どもたちの道徳性をいっそう豊かに育む時間にしましょう。

道徳が「特別の教科」になったね。

小学校では2018年度から，中学校では2019年度からの完全実施だよ。戦後の道徳教育の歴史のなかでも3本の指に入る大改革だ。「特別の教科　道徳」は，別名「道徳科」とも呼ばれることになった。

これまでは教科じゃなかったんだね。

そう，これまでは教育課程の一領域という位置づけだったよ。

そもそもどうして道徳は「特別の教科」になったの？

教科とは，基盤となる学問体系に裏づけられた教育内容のまとまりを指していて，①それに相当する教員免許状がある，②教科書がある，③数値による評価がある，などの点が指標とされてきた。実は2007年にも一度，道徳の教科化が検討されたんだけど，その時には道徳は教科にはなじまないということで教科化は見送られたよ。

今回は何か状況が変わったの？

ひとつは、いじめと呼ばれている子どもたちの間の差別や暴力が深刻な社会問題としてクローズアップされたことだね。差別や暴力のために自ら命を絶つ子どもたちが相次いだこともあって、それへの対策として政府の側が積極的に教科化を推し進めた。

道徳教育を充実させれば子どもたちの間の差別や暴力は減るのかな？

それについてはいろいろな見解があるけれど、もうひとつの背景として、これまでの道徳教育がいくつかの問題を抱えていたことも事実なんだ。例えば、道徳の時間が軽視されて他教科の授業に振り替えられたり、道徳の授業に自信がもてない先生が多かったり、タテマエに終始する形骸化した授業が行われていたことも否めない。教科へと「格上げ」することでそうした問題が解決されることが期待された。

なるほど。でも道徳は通常の教科になったわけじゃなくて「特別の」教科になったんだよね。この「特別の」っていうのはどういうこと？

道徳には、他教科とは異なるいくつかの特徴がある。例えば、子どもの道徳性は数値によって客観的に評価することができない。体系化された基礎学問のようなものもないし、道徳の教員免許状や道徳専科の先生というのも考えにくい。こうしたことから、通常の教科ではなくて「特別の教科」とされたんだ。学習指導要領の目次を見ても、道徳は国語や社会科といった「各教科」のひとつとし

てではなく,「特別の教科 道徳」として独立して位置づけられているよ。

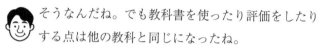そうなんだね。でも教科書を使ったり評価をしたりする点は他の教科と同じになったね。

検定教科書を使うことで,教材の質を一定の水準に保つことができると考えられているよ。きちんと教科書を使って授業を進めていくことで,他教科への振り替えなどの問題が減ることも期待されている。

評価は難しいんじゃない？

子どもたちの道徳性を客観的に評価することはとてもできないけれど,道徳科では子どもたちがそれぞれ以前の自分に比べて伸びた点を励ます評価をすることになった。これだと,評価の客観性について先生が頭を悩ます必要もないし,他人と比べるわけじゃないので子どもが傷つくこともない。

教え方の面では何か変わるの？

「考える道徳」「議論する道徳」が道徳科のキーワードになっているよ。これからの子どもたちが先行きの不透明な時代を生きていくためには,これまでのように先生が示す正解を暗記したり,資料の主人公の心情を読み解くだけの授業では不十分だと考えられている。みんなで考え,みんなで話し合って,みんなで答えを見つけていくような授業へと変えていくことが求められているよ。

従来の「残念な」道徳授業　　　　　今後の活発な道徳授業

　タテマエに終始して子どもたちが育たない道徳の時間じゃなく，自分の頭で考え，友達と意見を交わして，新しい考えやよりよい生き方を見つけていく道徳の時間にすることが大事なんだね。でも，そんな教え方に慣れていない先生にうまく授業ができるのかな？

　子どもも大人も，人間って簡単には変われないので，正直なところ，教科化されたからといって簡単に全面的に授業が改善されるわけじゃない。何事も最初は難しい。ただ，**よりよい生き方にチャレンジすることが大事なのは子どもも先生も同じ**。うまくいかないことも多いだろうけど，失敗から学びながら，先生方にはプロとしての矜持をもって研鑽に励んでいってもらいたいね。

　子どもたちの笑顔が少しでも増えるといいね。

 何にせよ改革には不安がつきものですが，これまでの自分の授業を見直し，子どもたちの笑顔と成長のために改善していくきっかけとして，道徳の教科化を活用したいものです。

1　道徳教育と教育課程

Q2

道徳科の時間の意味

道徳性は日常生活のなかで養われるのではないですか。道徳科の授業には意味があるのでしょうか。

A 日常生活を深く振り返ったり，日常生活では得られない道徳について新しく学ぶのが道徳科の授業です。

道徳性は授業で教えられて育つものというよりも，普段の生活のなかでガミガミ注意されたりするなかで次第に身についていくものというイメージがある。だけど学校で道徳教育をする意味はどこにあるんだろう？

学校という場は，家庭や地域から離れて普段の生活のなかでは学べないことを学ぶ場という特徴をもっている。**日常生活のなかで学べないことを学べる点に，学校での道徳教育の意味があるんじゃないかな。**

例えば？

日常生活が悪しき因習のようなものにとらわれ，気づかないままみんなそれに従っているということは少なくない。これに対して学校で「それは正しいことなの？」と振り返り，改めるべきは改める，ということもあると思うよ。

女性や障がい児への無意識的な差別などはその例と言えるかもしれないね。ただ，学校はかなり限られた経験の空間なので，そこでの道徳教育で道徳性が身につ

くものなのかな？

たしかに学校で出会う人は限られてるし，できることも限られてるよね。休憩時間や給食の時間にも道徳教育は行われているけれど，「時間を守る」「責任を果たす」などの面に偏りがちだ。これに対して道徳の授業は，学校内外での経験を振り返って，じっくりと考えを深めたり，日常生活では出合わないような内容を学んだりすることができる。計画的，発展的な指導ができる点が道徳科の授業の意義と考えられるね。

なるほど。でも例えば，雪の少ない地域の子どもたちが雪国を舞台にした資料を読んでもなかなか実感できないように，生活経験がないと授業での学びが上滑りになるなんてことはないのかな？

うーん，何ごとも経験があれば理解や共感がより容易になるのは事実だと思う。でも**学校は単に経験を再確認するだけの場ではなくて，教材を介して子どもたちを新しい世界に導く場でもあるので，教材の選定や教材と子どもたちとの出合わせ方が大事になる**んじゃないかな。

生活経験とかけ離れすぎず重なりすぎず，という教材を子どもたちに提示することがポイントになるんだね。

> 📝 道徳科の授業で新しいものの見方や考え方を得ることそれ自体，ひとつの経験となって，子どもたちの道徳性の育ちにつながります。

1　道徳教育と教育課程

Q3

教育活動全体を通して行う道徳教育

学校での教育活動全体を通じて行う道徳教育をどのように考えればいいですか。

A 授業や学級づくりや学校行事への子どもたちの参加がカギになります。

学校での道徳教育は、学校の教育活動全体を通じて行うものとされているね。道徳科での道徳教育も、教育活動全体での道徳教育も、目指すところはともに子どもたちの道徳性の育成となっているけど、教育活動全体での道徳教育をどのように捉えればいいだろう？

子どもたちにとって、学校は学習の場であると同時に生活の場という性格をもっている。授業だけでなく、休憩時間や給食の時間にも子どもたちはいろいろなことを経験して学んでいる。学校のいろいろな場面にできるだけ子どもたちが関わって、子どもたち主体の学級や学校をつくることが大事じゃないかな。

なるほど。給食の時間にどんな音楽を流すか、学級や学校の行事をどんな企画で進めたいか等々、子どもたちがアイデアを出して自分たちで創っていくチャンスはたくさんあるね。

今日では、**子どもは「保護の対象」にとどまらず「社会参加の主体」でもあるという理解が国際標準**になっている。学校は多様な子どもたちが集まる場なのだから、多様な意見を踏まえながら子どもたち自身が物事を

決定して実行していく経験の場をできるだけ多く設けることが, 自主的で協力的な子どもたちを育む何よりのカギだと思うよ。

学級・学校づくりを通して道徳性が育まれる

子どもはたしかに未熟だけど, 未熟だからといって全部大人がやっていてはいつまでたっても子どもは自立しない。自分たちで物事を考え, 決めて, 責任をもって実行することを学校のなかで経験しておけば, きっとその後の社会生活の財産になるよね。

考えの違う人と折り合いをつけながら物事を進めるのは大人にとっても大変なことですが, それこそが自己の成長と社会の発展のカギとなります。学級運営や学校運営への子どもたちの参加を通して, 子どもたちのなかに自信と自立と連帯の思いを育みたいものです。

Q4

他教科・領域における道徳教育

他教科・領域における道徳教育をどのように考えればいいですか。

A ワクワク・ドキドキする授業，多様な意見を尊重する授業がそのまま子どもたちの道徳性を育てます。

学校教育全体で道徳教育を行うことになってるんだけど，他の教科や領域での道徳教育ってどう考えればいいんだろう。

図画工作の時間にふざけている子どもに対して，「静かにしなさい」と注意することも道徳教育だけど，静かにさせるばかりが道徳教育じゃないよね。

学校では，道徳科の時間だけでなく，各教科等の特質に応じた道徳教育を行うことが求められているよ。教科の知識を学び知ることと道徳的な意欲や態度を育むことは同じではない。でも，例えば社会科で南北問題や貧困問題について学ぶと，それが「より公正な社会を実現しなきゃ」という思いにつながることもある。

すばらしい音楽や絵画に触れることで，それが生み出されるもとになる平和や相互理解の大切さを子どもたちが理解する，なんてこともあるね。

知識を得ることは，しばしば道徳的な心情や実践意欲を育む支えになっているという点に注目したいね。

なるほど。

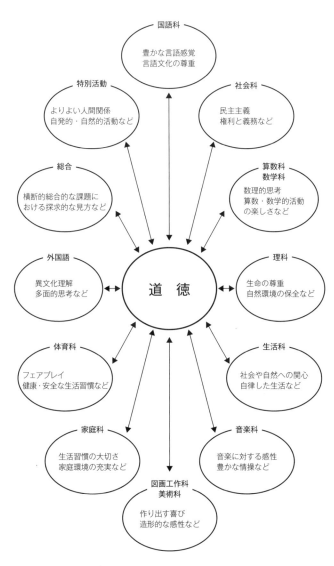

他の教科・領域においても道徳性が育まれる

それから，**クラスのみんなで考えを出し合いながら教科の真理をつかまえていく授業の形式そのものが，子どもたちの道徳性を育てる**ことにつながるよ。

自分の思いや考えを相手に伝わるように表明したり相手の発言にきちんと耳を傾けたり，違う意見を尊重したりすりあわせたりしながら，子どもたちは学んでいくということかな。

少なくとも安心して教室に座っていられる，自分の発言がまわりの友達から否定されずに受け止めてもらえる，という授業の環境はとても大切で，その環境を通して子どもたちは自分に自信をもち，他人を尊重し，他人と協力することを学んでいくのだと思うよ。

クラスメートと力を合わせることでみんなが成長するという点が大切だね。

そう，単に友達と仲よくするだけじゃなく，友達と力を合わせながら成長するという点が授業の本質だと思う。学ぶことのワクワク感やドキドキ感を子どもたち自身にも持ってもらえるような授業づくりは，そのままで子どもたちの道徳性を育てるよ。ベテランの先生は，「学級の人間関係を整えてから授業をする」のではなく，「授業を通して人間関係づくりをする」とよく言うね。

授業がおもしろければ子どもたちの「問題行動」は起こりにくいと言えるよね。

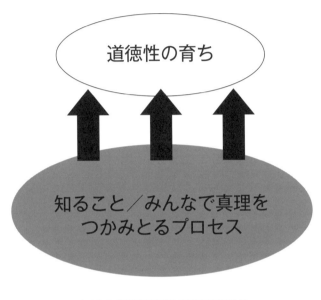

すぐれた授業が道徳性の育ちを支える

📖 子どもたちの発言にはそれぞれ思いやこだわりが込められています。発言の背後にある思いやこだわりを受け止め合い，認め合うなかで成長する授業を通して，子どもたちは自分に自信をもち，他人を尊重することを学びます。

道徳教育の全体計画，年間指導計画

Q5 道徳教育の全体計画・年間指導計画とはどのようなものですか。

A 全体計画は学校における道徳教育の基本方針と全体像を示すもの，年間指導計画は各学年の道徳科の1年間を通した指導計画のことです。

道徳教育も他の教科等と同じように計画的に進めていく必要があるんだよね？

学校は意図的，組織的，計画的に教育を行っていく場で，責任者である校長の示す方針のもと，教職員が共通理解を図りながら教育活動を行っていくことが大切になる。そこで各学校では，道徳教育の全体計画や年間指導計画を作成することになっているよ。

全体計画とはどんなもの？

各学校には，道徳教育の推進で中心となる「道徳教育推進教師」という先生がいる。この先生が中心となって，学校における道徳教育の基本的な方針と全体像を示した計画がつくられる。これが道徳教育の全体計画だ。教育関係法規の規定，学校や子どもたちの実態と課題，道徳教育の重点目標，道徳教育の指導体制，各教科等における道徳教育の指導方針などを盛り込むことになっているよ。

じゃあ年間指導計画とは？

1年間35回（小学校1年生は34回）の道徳授業について，各学年の基本方針，各回の主題やねらいや資料，他の教科等との関連などを盛り込むことになっている。道徳科は道徳教育の「要」であり，計画的，発展的な指導を行うことになっているから，1年間を通じた子どもたちの成長を想定しながら作成することが必要だね。

でも，想定どおりに子どもたちが育っていかないこともあるんじゃないかな。子どもたちの人間関係がうまくいかなくなった時に，予定を変更して道徳科で正義や善悪の判断について扱いたいと思った時にはどうするの？

そのような時には，扱う内容や時期を入れ替えたり，教材を変更したりなどの弾力的な運用が認められているよ。ただし，同じ学年の他の先生や教務主任の先生，道徳教育推進教師ときちんと連絡，調整することが必要だ。

こんな計画があるとは知らなかったよ。

あまり大きな声では言えないけど，これまでは先生の間でもよく知らない人がいたよ。

自分勝手な授業をされると迷惑を被るのは子どもたちだから，道徳教育についても学校や学年全体で共通理解を図っていくことが大切なんだね。

> 子どもたちの道徳性は当初の計画どおりに育つとは限りません。学校や学年全体での共通理解を踏まえ，しなやかに道徳教育を展開していきましょう。

道徳教育の全体計画（例）

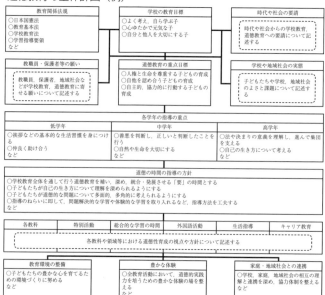

道徳教育の全体計画・別葉（例）
第○学年　（内容項目×他の教科・領域）

内容項目		特別活動			総合的な学習の時間	各教科		
		学級活動	児童会活動	学校行事		国語	社会	…
A(1)	善悪の判断，自律，自由と責任							
A(2)	正直，誠実							
A(3)	節度，節制							
A(4)	個性の伸長							
A(5)	希望と勇気，努力と強い意志							
B(6)	親切，思いやり							
B(7)	感謝							
B(8)	礼儀							
B(9)	友情，信頼							
B(10)	相互理解，寛容							

道徳科の年間指導計画（例）
小学校第4学年

学期	回	月	主題名	項目	指導内容	資料名	ねらい
1学期	1	4月	節度ある生活	A(3)	節度、節制	目覚まし時計	朝自分で起きることができなかった「わたし」の気持ちについて考えることを通して、規則正しい生活を送ることの大切さを理解し、節度ある生活をしようとする態度を育てる。
	2		信頼しあえる友達	B(9)	友情、信頼	いのりの手	自分のために働いてくれたランスに対するデューラーの思いについて考えることを通して、友情と信頼の素晴らしさを理解し、友達を信頼し助けながら生活しようとする態度を育てる。
	3		分けへだてなく	C(12)	公正、公平、社会正義	いじりといじめ	「みか」さんの行動に対する「ゆう」さんの思いについて考えることを通して、正義と勇気の心をもつことの大切さを理解し、公正、公平に行動しようとする判断力と態度を育てる。
	4	5月	身近なことへの感謝	B(7)	感謝	朝がくると	朝が来て「ぼく」が気づかされることを考えることを通して、自分の生活が多くの人々に支えられていることを理解し、自分の生活を支えてくれている人々に感謝しながら生活していこうとする意欲を育てる。
	5		正しいと思ったことは自信をもって	A(1)	善悪の判断、自律、自由と責任	よわむし太郎	殿様に反対しても鳥を子どもたちを守った「太郎」の行動を考えることを通して、正しいと思ったことは自信をもって行おうとする態度を育てる。
3学期	32	2月	最後までやり遂げよう	A(5)	希望と勇気、努力と強い意志	42.195キロ	マラソンに向き合う「ぼく」の気持ちの変化を考えることを通して、あきらめずに努力することの大切さを理解し、自分で決めたことは最後までやり遂げようとする意欲を育てる。
	33		大切にしたい日本の伝統と文化	C(16)	伝統と文化の尊重、国や郷土を愛する態度	浮世絵	浮世絵に対する「ぼく」の気持ちの変化を考えることを通して、日本の伝統文化に関心をもち、大切にしていこうとする心情を育てる。
	34	3月	それぞれの国にそれぞれのよさ	C(17)	国際理解、国際親善	海をこえて	日本とフランスの文化のちがいを考えるとともに世界に広めようと思った主人公の気持ちについて考えることを通して、それぞれの国の文化のよさに気づき、進んで国際親善に努めようとする態度を育てる。
	35		よさの花を咲かせよう	D(20)	感動、異敬の念	花さき山	自分のやりたいことを辛抱して今後回にはする主人公の美しい心について考えることを通して、美しいものに感動する心情を育てる。

学力観の動向と道徳教育

「主体的・対話的で深い学び」の重要性が唱えられていますが、道徳科の授業と関係があるのですか。

A 道徳科においてもこのような学びを通して子どもたちの道徳性がよりよく育ちます。

2017年の学習指導要領の改訂では、「主体的・対話的で深い学び」がキーワードのひとつになったね。

2017年版学習指導要領の大きな特徴は、子どもたちが「何を学ぶか」（コンテンツ）だけでなく「何ができるようになるか」（コンピテンシー、資質・能力）にも主眼が置かれたことだ。**新しい時代に必要となる資質・能力の3つの柱**として、

- 何を知っているか、何ができるか

　　　　　　　　　　　　（個別の知識・技能）
- 知っていること・できることをどう使うか

　　　　　　　　　　（思考力・判断力・表現力等）
- どのように社会・世界と関わり、よりよい人生を送るか

　　　　　　　　　　（学びに向かう力・人間性等）

が掲げられ、それらを身につけるための教育方法の改善に向けて「主体的・対話的で深い学び」が提唱された。学校のなかだけにとどまらず、生涯にわたる学びの場面でも大切な学び方だと考えられているよ。

主体的な学びとは、子どもたち自身が興味や関心をもって学ぶことだね。

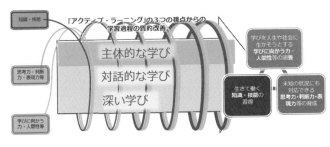

出典：中央教育審議会「幼稚園，小学校，中学校，高等学校及び特別支援学校の学習指導要領等の改善及び必要な方策等について」（答申，2016年12月）補足資料

そうだね，やらされて学ぶ他人事の学びじゃなく，自分のこととして学ぶ自分事の学びとも言えるね。

でも子どもたちのなかから学びに向かう興味や関心が生まれるものかな？

興味や関心は自然に生まれるものではなく，教材や環境との関わりのなかで生まれるものだから，**世界と出合うことのおもしろさや学ぶことの楽しさを子どもたちに感じてもらえるような手立てがいっそう大切になる**ね。

子どもも大人も，自分が好きなことについては他人から言われなくても調べたり考えたりするよね。好きにさせることが先生の役割だと言えるかな。

国語でも図画工作でも道徳でも，子どもがその世界のほうを振り向いてくれたら先生の仕事としては大成功だね。

対話的な学びとは，子どもたちどうしの対話や子どもと先生との対話を活かした学びだね。

1 道徳教育と教育課程

そうだね。自分自身と対話したり，本と対話したりする場合もあるけど，まずは他人との対話だね。

他人は自分の思うようにはならないから，自分では考えてもみない意見が聞けることもあるね。

そう，**自分と違う意見と出合い，それと格闘し，自分のなかに取り入れることで人は変わっていくよ。**

でも，人の意見を取り入れるのは簡単なことじゃないね。

そうだね。**対話には，他人の意見に耳を傾けたり他人と一緒に物事を進めたりしようとする協調的な姿勢や，場合によっては自説を引っ込めたり妥協点を探ったりする謙虚な姿勢も必要になる。**

対話的な学びを進めることそれ自体が子どもたちの道徳性の育ちにつながるんだね。

人は最初のうちはどうしても自説に固執したり暴力で押し通そうとしたりする場合があるけれど，そうした過程を経ることで，なぜ暴力ではなく言葉で物事を解決することが大切なのかを学んでいくんだね。

深い学びとはどんな学びだろう？

一時的におもしろさを感じてもすぐに答えが出て飽きてしまうような学びではなく，表面的に調べたり話し合ったり発表したりするけれど何を学んだのかがわからないような学びでもなく，学びの過程のなかでより深い思考や判断が行われたり，問題解決が行われたり，発展や

創造が見られたり，学ぶことの意味がより深く理解されるような学びだと考えられているよ。

難しそうだね。例えば子どもたちは遊びに没頭している時，それによってどんな能力が身についたかなんて考えてなくて，後から振り返って初めて自分の能力の高まりを認識することが多いけど，この深い学びも，それをやっている最中は子どもたち自身には実感できないものかもしれないね。

学ぶことで人生をよりよくしていける点が人間のいいところかなと思う。学びの過程には失敗がつきものだけど，失敗を避けるのではなく失敗から立ち上がることも大切だし，よりよい生き方を目指してきたはずなのにうまくいっていなかったことが判明して，またそこから学んだりすることもある。その意味では，**わかったつもりになるとそこで成長は終わり，学び続ける姿勢が大事**だとも考えられるね。

道徳についても，わかったつもりにならないことが大事だね。

 主体的な学び，対話的な学び，深い学び。いずれも子どもたち（大人たちも）が他人とともによりよく生きていく上で欠かせない姿勢です。失敗を恐れず，授業のなかに取り入れていくといいでしょう。

Q7

道徳教育と人権教育

人権教育と道徳教育はどうつながるのですか。正反対のように思えるのですが。

A 人権教育も道徳教育も，子どもの自立と，大人と子どものステキな関係づくりに役立ちます。

権利とか人権って難しそうなイメージがあるけど，人権教育と道徳教育とはどんなふうにつながるのだろう？

正反対のもの，という人もいるみたいだけど。

道徳教育は大人の言うことに子どもを従わせる教育，人権教育は自分の権利を主張する子どもを育てる教育，と捉えられているふしがあるね。そのように捉えると2つは正反対に見えることになる。でも，**もともと人権って，どんな人も幸せに生きたいという当たり前の願いをもっていて，何が当たり前なのかを言葉にしたものだから，みんなでよりよく生きることを考える道徳教育と目指す方向はまったく同じなんだよね。**

日本にはもともと権利とか人権に相当する言葉がなかったと聞いたことがあるよ。幸せに生きる上で何が当たり前のことなのかを言葉で表したものが権利だとすると，逆に言えば，わざわざ言葉で表さないといけないほど，当たり前であるはずの幸せが侵害されているということでもあるのかな。

そういうことになるね。それから、さっき人権教育は権利を主張することを教える教育と思われているふしがあると言ったけど、日本の人権教育の大きな特徴として、ひとつは同和問題（部落差別問題）中心、もうひとつは心構え中心という点が挙げられる。法務省の「人権教育・啓発に関する基本計画」（2002年制定、2011年一部変更）では同和問題以外にも、女性や子ども、高齢者や障がい者、アイヌの人々や外国人などに対する差別が人権課題として挙げられているけど、そのような特定の課題に限定されるのではなく、まさに普段の日常生活のなかでお互いが気持ちよく幸せに生きることをどう実際に保障していくかが課題となるんだ。

　今日だと子どもたちの間での差別（いじめ）や、LGBTなどの性的マイノリティの人々に対する差別、沖縄の人々に対する差別や教師による生徒への暴力（体罰や性的嫌がらせ）なども大きな人権課題だと言えるかな。

　そう、いわゆる「いじめ」や「体罰」を人権課題として捉える視点が弱いのも、日本社会の権利意識の低さの表れかなと思う。

　それから、そのような「弱い」立場の人々に対する思いやりをもちましょう、という心構えを教えることも大切なんだけど、実際に差別が起きた時にどのように解決していけばいいのか、制度的な手立てや保障について十分に考えられていない、考えられていても教えられていない。この点も大きな問題だね。

子どもも人だけど,「人権」とは別に「子どもの権利」が語られることもあるよね。

1989年に国連で「子どもの権利条約」が満場一致で採択されたよ。日本も1994年に批准している。人権については18世紀後半からいろいろな宣言が出され,1948年の世界人権宣言に結実したんだけど,そこで念頭に置かれていたのはもっぱら成人男性だった。20世紀には二度の大戦があり,大人が勝手に起こした戦争のために大勢の子どもが生命を失った。それに対する反省から,人権一般とは別に子どもの権利について明確にする必要があるんじゃないかという気運が高まり,ポーランド政府が提案して子どもの権利条約が制定された。

どんな内容の条約なの？

全部で54条からなる短い条約で,「生存の権利」「発達の権利」「保護を受ける権利」「社会に参加する権利」の４つの柱にそってさまざまな権利が挙げられているよ。第２条では早速に「差別の禁止」が挙げられている。どの条項も大事だけど,**第４の柱の,子どもを社会参加の主体と捉える視点は画期的だと評価されている。特に第12条の「意見表明権」は,その象徴ともいえる条項だ。**

これまで子どもは,大人から保護されるかわりに大人に黙って従うべきだと見なされていたけど,大人と一緒に社会を担う存在と捉え直されたということだよね。でも他方では,最初に触れたように,「権利ばかり主張す

る子どもが育ってしまう」という批判も根強いように思う。この点はどうなんだろう。

繰り返しになるけど，権利とは何か特別に大人がわざわざ認めてあげるようなものじゃなくて，当たり前のことを言葉に表したものという点に注意が必要だね。たしかに子どもは未熟だったり視野が狭かったりするけど，だからといって子どもが意見を述べるのは特別なことではなく当然のこと。その意見に耳を閉ざすのではなく，意見を表明させながら育てることが大事だ。

たしかにそうだね。大人になるといきなり上手に意見が言えるようになるわけじゃないし，正当な意見を大人から認められるのは子どもにとっても自信になるし。

意見を言うのは実は大変なことで，相手の立場も勘案しながら相手との合意点を探らないといけないし，自分の発言には責任をもたないといけない。こうしたことをきちんと指導しないと，自己主張ばかりする無責任な子どもが育ってしまうかもしれないと思う。

子どもの時に権利を守ってもらったら，大人になった時には今度は自分が子どもの権利を守る番だね。大人の道徳心も問われていると言うことなんだね。

> 権利を学び知っていても，守られなければ意味がありません。自他の権利を守ろうとする姿勢を育むことが道徳教育の課題になります。

Q8

道徳教育とESD

ESD（持続可能な開発のための教育）と道徳教育はどのような関係にあるのですか。

A ESDは，環境と開発を糸口として人間のよりよい生き方とは何かを問い直す教育です。問い直しへの意欲を育むことが道徳教育の役割と言えます。

近年ではESD（Education for Sustainable Development），持続可能な開発のための教育も大きな課題になっているね。

ESDに関わる出来事については右の表を参考にしてほしいんだけど，1970年代頃から世界的な規模で人間と地球環境との関係が見直され始めるようになった。それまでは人間が一方的に環境を利用してかまわないという考え方が支配的だったけど，その結果，環境が破壊され人間の命さえ脅かされるまでになった。そうしたなかで，人間も環境の一部であり，今生きている世代はこの環境を将来世代から借りているだけできちんと返す責任があるのではないか，といった議論がなされるようになり，環境と開発に関する世界委員会報告書（1987年）のなかで「持続可能な開発」という概念が提出された。そして1992年のリオ・サミットでは，持続可能な開発にとって教育が重要であることが指摘され，ESDが広く提唱されるようになったよ。

環境を将来世代から借りているというのはユニークな考え方だね。借りたものはちゃんと返さないと。

ESDにかかわる主なできごと

1972年	国連人間環境会議（ストックホルム）開催
1977年	環境教育に関する政府間会議（トビリシ会議）
1987年	環境と開発に関する世界委員会報告書
1992年	国連環境開発会議（リオデジャネイロ，地球サミット）
2002年	持続可能な開発に関する世界首脳会議（ヨハネスブルク・サミット）
2005-2014年	国連持続可能な開発のための教育の10年
2015年	持続可能な開発のための2030アジェンダ（2016年から2030年までの持続可能な開発目標（SGDs）を策定）

そうだね。環境が破壊される大きな原因のひとつは人間の経済活動にあり，経済活動は政治社会のあり方にも関連している。だから環境の保護は単に「ゴミを拾いましょう」とか「川をきれいにしましょう」といった部分にとどまらず，貧困や格差の解消，国際的な相互理解と協調といった幅広い課題に関連している。その意味でESDは狭い意味での環境保護教育を超えた広がりをもっているよ。学校でのESDは総合的な学習の時間で取り組まれる場合が多いけど，社会科や理科で学ぶ内容とも密接に関連しているし，本当は**カリキュラムの一部分というよりカリキュラム全体のベースになる考え方だと捉えるのが適切**なんじゃないかな。

😀 国語は国語,総合でのESDはESD,というように分けて捉えるんじゃなくて,ESDの考え方に基づいて国語や社会を教えていくということだね。ところでESDに関連して,SDGsという言葉もよく耳にするけど……。

😀 SDGs(Sustainable Development Goals)は「持続可能な開発目標」のことだ。2015年の国連サミットで採択された,2030年を期限とする17の包括的な目標で,先進国を含む国際社会全体に関わるものとして設定されている。

😀 具体的にどんな目標なの?

😀 貧困,飢餓,保健,教育,ジェンダー,水・衛生,エネルギー,成長・雇用,不平等などだ。このなかの「教育」は「すべての人に包摂的かつ公平で質の高い教育を提供し,生涯学習の機会を促進する」という意味だけど,どの目標の実現にも教育という要素は欠かせない。SDGsはESDの目標でもあり,内容でもあるんだ。

😀 **ESDは,人間中心的なものの見方から「環境の一部であり環境と共存する人間」というものの見方への転換を迫るもの**と言えるかもね。ところで,環境については理科で扱うし,政治経済は社会科でも学ぶけど。ESDと道徳教育との関わりはどうなのかな?

😀 環境や政治経済の現状を知るにとどまらず,それをよりよいものに変えていこうとする意欲を育む点が,理科や社会科とは異なる道徳教育の役割だと言えるね。もちろん理科や社会科の時間のなかでそのような意欲が育ま

れ，結果的に道徳教育が行われている場合もあるけれど。

😊 道徳科の内容項目で言えば，ESD はDの視点の「自然愛護」だけでなく，同じくDの視点の「生命の尊さ」やCの視点の「公正，公平，社会正義」「国際理解，国際貢献」などにも関連しているんだ。

😊 先に言ったように，ESD はカリキュラム全体のベースになるものの見方という性格をもっているから，さまざまな内容項目に関わることになる。ESD の教材を使ってどれかひとつの内容項目や道徳的価値を教えることもいいけれど，ESD を実践するなかでいくつもの道徳的価値が子どもたちに理解されていく，と考えるほうがいいんじゃないかな。

😊 たしかトビリシ会議で出された宣言には，環境教育の目標として，環境の保護や改善に関わる「関心」や「知識」のみならず，「態度」「技能」「参加」などの側面も挙げられていたね。

😊 態度や参加への意欲を育むのはなかなか難しいことだけれど，地球環境や私たちの日常生活の危機的な現状を知ることが意欲づけにつながるんじゃないかな。

> 📖 ESD にはいくつもの道徳的価値が関わっており，また環境の保護や改善への「態度」や「参加」への意欲を育むことも ESD の目標に含まれています。ESD は子どもたちの道徳性を豊かに育む可能性をふんだんに備えています。

1 道徳教育と教育課程

道徳教育とキャリア教育

キャリア教育と道徳教育は何か関係があるのですか。

A キャリア教育も道徳教育も，子どもたちの自立と連帯を育む点で共通しています。

現代的な教育課題のひとつにキャリア教育が挙げられているね。

2000年代に入ったころからキャリア教育が学校に本格的に導入されるようになった。生きていくことと働くことは密接に結びついているんだけど，時代とともに産業の構造が大きく変わり，終身雇用や年功序列型賃金に代表される日本型の雇用形態が崩れていくとともに，非正規労働者の割合の増加や若者の就職難といった事態も生まれてきた。これまでのような，学校から職業へのスムーズな移行が難しくなってきたんだ。他方で従来の学校教育では，誰もが生きていく上で必要な労働に関する学びが必ずしも十分だったとは言えない。

こうした背景から，**労働ということも勘案しながら自分らしく生きることを考える教育として，キャリア教育が提唱されるようになってきた**。

何か定義はあるの？

2011年に出された中央教育審議会の答申では，「一人一人の社会的・職業的自立に向け，必要な基盤となる能力や態度を育てることを通して，キャリア発達を促

す教育」と規定されているよ。

キャリア発達とは？

「社会の中で自分の役割を果たしながら、自分らしい生き方を実現していく過程」と説明されている。

「社会の中で自分の役割を果たす」とか「自分らしい生き方を実現する」といったことは、道徳教育とも重なりそうだね。

職業的自立に必要な能力や態度を育てる教育がそのまま道徳教育になるわけではないけど、キャリア教育がよりよい生き方や社会のあり方を考えることにつながるなら、道徳教育と重なることになるね。

キャリア教育が十分に実現するとブラック企業は消えていくかな？

今日の労働環境はとても競争的で、モラルよりも業績が優先され、労働者がモノ扱いされることも多い。そんなこともキャリア教育や道徳教育のなかで考えていけるといいんだけど、キャリア教育や道徳教育が逆効果になるおそれも指摘されているよ。

逆効果って？

例えば、若者の就職難は産業構造の変化に起因する部分も大きいのだけど、「就職できないのは勤労意欲が足りないからだ」「自己責任だ」というように、個々人の心構えの問題にすり替えられてしまう場合も少なくない。

個人としてどう生きるかだけでなく，みんなが安心して生きられる社会をみんなでどう実現するのかを考えることも大事なんだね。

あるいは，職業的自立に必要な能力として「ストレスマネジメント能力」や「コミュニケーション能力」などの育成がさかんに説かれるけど，これも悪くすると，「上司の理不尽な命令にも従順に従う能力」「自分が勝ち残るために相手を説き伏せる能力」として運用されてしまう。

仕事の世界に競争があるのは当たり前で，負けた時にどうリベンジするのかも大切だよね。転んだら立ち上がることもできず敗者復活のチャンスもないような社会のあり方は考え直さないといけないね。セーフティーネットをどう構築するのか，労働者の権利をどう実質的に保障するのか，といった点も関わってきそうだね。

社会保障や権利の教育は知識の教育であって道徳教育ではない，と見なされる場合もあるけど，何かを知ることと切り離して道徳的な心情や判断だけを育てることはできない。その意味では，キャリア教育のなかでも道徳性は育まれるし，道徳教育のなかでキャリア教育の一部を担うことも可能だね。

道徳科の内容に「勤労」という項目があるけれど，その項目を扱う授業はキャリア教育になるのかな？

仕事を通して社会のなかでの自分の役割を果たそうとする意欲を育てるという点では，道徳教育であると同時にキャリア教育でもあると言えるね。ただ，働くこ

とは生きていく基盤であるはずなんだけど、今日では過労死のように、働くことがよりよい生き方につながらない場合もある。個人と社会を対立的に捉え、仕事を通して社会（会社？）に貢献するという側面を強調しすぎると、かつての「勤労奉仕」のような発想につながりかねない。

今日では「公共の精神」も重視されているけど、その場合も、個人と公共が対立的に捉えられていることが多いね。

そう。公共性の概念は両義的で、「すべての人に共通した（common）」という側面と「すべての人に開かれた（open）、多様な（diverse）」という側面がある。すべての人は多様なはずなんだけど、同質性や均質性が強調されたり「滅私奉公」のような意味で捉えられると「公共の精神」の名のもとに個人を抑圧するおそれがある。**個人はそのまま社会や公共を構成する一員でもあり、個々人こそが社会をよりよく変えていく主体であるという観点を**忘れないようにしたい。

仕事という糸口から子どもたちの自立と社会の連帯を育むという点では、キャリア教育にも道徳教育の働きが含まれているんだね。

📖 労働の現状にはさまざまな矛盾や問題が含まれています。その事実を適切に提示しながら子どもたちとともに考えることで、「生きる力」を育む道徳教育ができるでしょう。

1　道徳教育と教育課程

Q10

道徳教育とシティズンシップ教育

シティズンシップ教育と道徳教育は何か関係があるのですか。

A シティズンシップ教育も道徳教育も，よりよい社会づくりを目指す点で共通しています。

最近，シティズンシップ教育という言葉がよく聞かれるね。

シティズンシップは直訳すると「市民性」。シティズンシップ教育とは，自立した市民として政治社会に積極的に関わろうとする資質や能力を育てる教育のことだ。

政治や社会については社会科でも教えられてるんじゃないの？

たしかにそうだね。でもこれまでの社会科での学習は，政治や社会の仕組みを知識として教え伝えてきただけで，それが実際の政治参加や社会参加に必ずしもつながってこなかったきらいがある。子どもたち自身のなかで活きて働く知識や能力を育むことが目指されているんだ。

社会に参加したり，政治をよりよくしたりというのは，道徳教育の課題にも通じるね。

シティズンシップ教育の動向に大きな影響を与えたイギリスの政治学者B.クリックは，シティズンシップ教育の3つの柱として，

①社会的，政治的責任

②コミュニティへの参加

③政治的リテラシー

を挙げている。細かくみると，**①の社会的，政治的な責任の意識を育むことが道徳教育のもち分となる**だろうね。もちろんこの三者は相互に結びついていて，どれかひとつだけを取り出して育てることにはあまり意味がない。実際にボランティア活動をしてみたり，現実の政治を読み解くさまざまな論点を学んだりするなかで責任感はよりよく育まれるからね。

😊 道徳科には「社会正義」「公共の精神」「よりよい学校生活，集団生活の充実」のように，シティズンシップ教育と重なる内容も含まれているね。

😊 そうだね。いきなり国家的規模の政治や社会を扱うのではなく，まずは学級や学校のなかで，みんなが気持ちよく過ごしていくためにはどのような思いが大事なのかを考えてみるといいんじゃないかな。

😊 考えの違う一人ひとりの集まりがまさに公共であり国家であり，一人ひとりから離れたところに公共や国家があるわけではないという理解が大切だね。

> 📖 政治は決して日常生活から遠いものではありません。学級や学校での生活を自分たちの手でよりよく変えていける経験が，よりよい政治社会の実現につながっていきます。

Q11

道徳教育の目標

道徳教育・道徳科の目標はどのようなものですか。

A 子どもたちの道徳性を育てることが道徳教育の目標です。

学校教育は意図的,計画的,組織的な教育の場だから,そこでの教育活動にはすべて目標があるんだけど,学校での道徳教育の目標はどうなってるの?

まず,**学校での道徳教育の目標**については,学習指導要領(小・中)の第1章「総則」で,「**道徳教育は,教育基本法及び学校教育法に定められた教育の根本精神に基づき,自己の生き方を考え,主体的な判断の下に行動し,自立した人間として他者と共によりよく生きるための基盤となる道徳性を養うことを目標とする**」と規定されているよ。

自立し連帯してよりよく生きる生き方の基盤に道徳性がある,と捉えられているんだね。

うん。また,**道徳科の目標**については,学習指導要領(小)の第3章で「**よりよく生きるための基盤となる道徳性を養うため,道徳的諸価値についての理解を基に,自己を見つめ,物事を多面的・多角的に考え,自己の生き方についての考えを深める学習を通して,道徳的な判断力,心情,実践意欲と態度を育てる**」と規定されている。学習指導要領(中)の規定もほぼ同じだけど,「物事を広い視野から多面的・多角的に考え」,「人間としての生き方

についての考えを深める学習」のように表現が一部変えられていて、より広い観点からの規定となっている。

😀 道徳性の育成という目標は学校全体での道徳教育と共通しているけど、道徳科ではそれがさらに道徳的な「判断力」「心情」「実践意欲と態度」という3つの様相から捉えられているね。しかも、道徳的諸価値についての理解に基づく学習、自己を見つめる学習、物事を多面的・多角的に捉える学習、自己の生き方についての考えを深める学習によって育成されると捉えられている。

😀 学習指導要領解説（第1章第2節「道徳科の目標」）には、「**主体性をもたずに言われるままに行動するよう指導したりすることは、道徳教育の目指す方向の対極にあるもの**」、「**いかに生きるべきかを自ら考え続ける姿勢こそ道徳教育が求めるもの**」とも書かれている。

😀 大人や国家の言いなりではなくきちんと自分で考えて行動できる人、何でも自己責任ではなく困った時には誰かに助けを求められるし、誰かが困っている時には助け合える人、そうした人を育て、お互いに幸せに生きられる社会を実現することが目指されているんだね。

📝 道徳教育の目標は子どもたちの道徳性を育てることであり、内容項目を教えることにとどまらない点に注意しましょう。

2 道徳教育と学習指導要領

道徳教育で育む道徳性

道徳性とはどのようなものですか。

A 人間としてよりよく生きようとする人格的特性のことです。

道徳教育の目標は道徳性の育成ということだけど、道徳性って何だろうね。

学習指導要領解説（小・中）では、**道徳性**とは「**人間としてよりよく生きようとする人格的特性**」だとされていて、道徳的判断力、心情、実践意欲と態度という3つの様相に分けて説明されている。**道徳的判断力**は「**それぞれの場面において善悪を判断する能力**」、道徳的心情は「**道徳的価値の大切さを感じ取り、善を行うことを喜び、悪を憎む感情**」、道徳的実践意欲と態度は「**道徳的判断力や道徳的心情によって価値があるとされた行動をとろうとする傾向性**」と説明されている。

なるほど。ただ現実には「よりよく生きよう」ではなく易きに流されてしまうのが人間なんじゃないかな？ それに何が人間としての善い生き方なのか、人によって考えが違うなんてことはないのかな？

そのとおりだと思うよ。易きに流されることを善い生き方だと考える人がいても不思議じゃない。そんな考えは人間として間違っているという人がいるかもしれないけど、そもそも誰が人間らしさを決めるのか、決められるものなのか、少し考えるだけでも難しい問題だとわかる。無益な殺し合いをするのも人間だけだし。

でも、だからと言って「易きに流される生き方でいいよ」ですませるわけにはいかないよね。

道徳が問題となるのは、さまざまに異なった考えをもつ複数の人が、お互いと関わりをもちながら生きていかないといけないという現実があるからだね。自分ひとりだけで生きるのならともかく、現実にはどうしても他人との関わりが出てくるから、自分の生き方や他者との関わり方をそのつど見直す必要が出てくる。

自分が善いと思うことを傍若無人に貫く生き方もあるけど、それだとどうしても必要以上に対立や衝突が出てきて、自分にも不利益になるかもしれない。それよりも、他者と共存していく上でこれまでの自分の生き方や他者との関わり方を柔軟に見直していけるほうが、自他ともに気持ちよく、より幸せに生きられるということかな。

そうだね、そんなふうに自分たちの共存の仕方を自分たちで見直して律することができるのは人間だけだ。「人間としてよりよく生きようとする人格的特性」という言葉はこんなふうに言い換えられるんじゃないかな。

> 📖 道徳性とは、何か高潔な人格を指すのではなく、自分も他人も大切にしてより幸せに生きようとする柔軟な姿勢と捉えるといいでしょう。

2 道徳教育と学習指導要領

道徳科の授業と道徳的実践の関係

道徳科の授業で判断力を磨いても，実際の生活で正しい判断ができるとは限らないのではないですか。

A 道徳科での授業もひとつの経験となって，子どもたちの道徳性の育ちにつながります。

道徳科の授業で判断力を磨いても実際の生活で必ずしも正しい判断ができるとは限らないと思うんだけど，それについてはどうだろう？

道徳科の授業で扱う資料とまったく同じ場面に子どもたちが出合うことはほとんどないね。野球部のキャプテンが葛藤する資料を扱ったとしても，ほとんどの子どもは野球部のキャプテンにはならない。ただ，野球部であるとかキャプテンであるとかいった具体的な設定はさておき，「集団のなかの責任ある立場にある者として葛藤を抱く」という構造は現実にもよくある構造だね。このように，**資料のなかに含まれている構造をめぐって授業のなかでさまざまな角度から考えをめぐらせることは，それ自体ひとつの経験となって，子どもたちの日常生活のなかでも活きていく**と思うよ。

なるほど。でも，授業ではすばらしい意見を言うのに実際の行動はさっぱり，なんてこともあるよ。仲間はずれについて授業で考えを深めても，実際に仲間はずれがなくならないなんてこともある。これはどう考えればいいだろう。

たしかにそういうケースもあるね。その子のなかでは、授業はクイズやパズルのように頭のなかだけで完結した操作で、上で述べたような日常生活のなかの構造とうまく結びついていないのかもしれない。あるいは、道徳科でいい評価を得るために普段の行動とは別にすばらしいと思う意見を言っているのかもしれない。頭では分かっていてもあえてやらない、ということもある。いずれにしても、道徳性の育ちに関しては、何かを知ることが必ずしもすぐに実践と結びつくわけではないので、道徳科の授業で学んだことに関連づけながら、またなぜそうしないのかという理由にも耳を澄ましながら、実生活の場面で指導していくことが大切になるんじゃないかな。

そのような子どもたちの姿は、より実践的な授業への改善を迫るものと捉えることもできるね。何がすばらしい正解なのか子どもたちにすぐには分からないような、考える道徳にしていくことが大切だね。

道徳科では道徳的価値について多面的、多角的に学びますが、それがすぐに実践に移されるとは限りません。学校の教育活動全体のなかでの励ましや気づかせと合わせながら子どもたちを育みましょう。

2 道徳教育と学習指導要領

Q14

道徳教育の内容

道徳科で扱う内容はどのようなものですか。

A **人間としてのよりよい生き方を求め，その実行に努めるための課題を指します。**

道徳科で扱う内容とはどんなものだろう？

学習指導要領解説（小・中）によれば，先生と子どもたちが「**人間としてのよりよい生き方を求め，共に考え，共に語り合い，その実行に努めるための共通の課題**」だと説明されているよ。**小学校低学年で19項目，中学年で20項目，高学年と中学校で22項目**が挙げられている。

たくさんあるね。

単に列挙してあるんじゃなくて，**4つの視点**から整理されている。「**A 主として自分自身に関すること**」「**B 主として人との関わりに関すること**」「**C 主として集団や社会との関わりに関すること**」「**D 主として生命や自然，崇高なものとの関わりに関すること**」という4つだ。

具体的にはどんな項目なの？

それぞれの項目にはその内容を端的に表す言葉が付けられていて，例えば小学校のAの視点には「A(1) 善悪の判断，自律，自由と責任」「A(2) 正直，誠実」など，Bの視点には「B(1) 親切，思いやり」「B(2) 感謝」など

といった項目が含められているよ。

😊 そうすると，例えばA(1)の項目を扱う場合には，1回の授業のなかで「善悪の判断」も「自律」も「自由と責任」も教えないといけないのかな？

😊 いや，A(1)のようにひとつの内容項目のなかにもさらに細かな項目が含まれている場合がある。その場合にはどれかひとつに重点を置いて教えることになるよ。

😊 逆に言えば，A(1)の項目を複数の時間にわたって扱うこともあるということだね。例えば1回目は「善悪の判断」，2回目は「自律」といった具合に。

😊 そうだね。年間35時間（小学校1年生は34時間）の道徳科の授業で内容項目をまんべんなく扱うことが基本だけど，子どもたちの実態や先生の願い，学校の道徳教育の目標などに従って重点的に指導することがあってもいいね。各学校では1年間にわたる指導計画を作成することになっている。

😊 なるほど。これらの内容項目を扱うことを通して道徳性を育てることが最終目標になるんだね。言葉の上だけで理解するんじゃなく，他者とともによりよく生きることにつなげることを道徳科では目指すんだね。

📖 同じ「責任」という言葉でも，自由に伴う責任と役割や立場に伴う責任では意味が違います。キーワードだけから判断せず，項目の内容を正しく理解した上で扱うことが大切です。

2 道徳教育と学習指導要領

道徳科の内容項目一覧

	小学校第1学年及び第2学年(19)	小学校第3学年及び第4学年(20)
A 主として自分自身に関すること		
善悪の判断, 自律, 自由と責任	(1)よいことと悪いこととの区別をし, よいと思うことを進んで行うこと。	(1)正しいと判断したことは, 自信をもって行うこと。
正直, 誠実	(2)うそをついたりごまかしをしたりしないで, 素直に伸び伸びと生活すること。	(2)過ちは素直に改め, 正直に明るい心で生活すること。
節度, 節制	(3)健康や安全に気を付け, 物や金銭を大切にし, 身の回りを整え, わがままをしないで, 規則正しい生活をすること。	(3)自分でできることは自分でやり, 安全に気を付け, よく考えて行動し, 節度のある生活をすること。
個性の伸長	(4)自分の特徴に気付くこと。	(4)自分の特徴に気付き, 長所を伸ばすこと。
希望と勇気, 努力と強い意志	(5)自分のやるべき勉強や仕事をしっかりと行うこと。	(5)自分でやろうと決めた目標に向かって, 強い意志をもち, 粘り強くやり抜くこと。
真理の探究		
B 主として人との関わりに関すること		
親切, 思いやり	(6)身近にいる人に温かい心で接し, 親切にすること。	(6)相手のことを思いやり, 進んで親切にすること。
感謝	(7)家族など日頃世話になっている人々に感謝すること。	(7)家族など生活を支えてくれている人々や現在の生活を築いてくれた高齢者に, 尊敬と感謝の気持ちをもって接すること。
礼儀	(8)気持ちのよい挨拶, 言葉遣い, 動作などに心掛けて, 明るく接すること。	(8)礼儀の大切さを知り, 誰に対しても真心をもって接すること。
友情, 信頼	(9)友達と仲よくし, 助け合うこと。	(9)友達と互いに理解し, 信頼し, 助け合うこと。
相互理解, 寛容		(10)自分の考えや意見を相手に伝えるとともに, 相手のことを理解し, 自分と異なる意見も大切にすること。
C 主として集団や社会との関わりに関すること		
規則の尊重	(10)約束やきまりを守り, みんなが使う物を大切にすること。	(11)約束や社会のきまりの意義を理解し, それらを守ること。
公正, 公平, 社会正義	(11)自分の好き嫌いにとらわれないで接すること。	(12)誰に対しても分け隔てをせず, 公正, 公平な態度で接すること。
勤労, 公共の精神	(12)働くことのよさを知り, みんなのために働くこと。	(13)働くことの大切さを知り, 進んでみんなのために働くこと。
家族愛, 家庭生活の充実	(13)父母, 祖父母を敬愛し, 進んで家の手伝いなどをして, 家族の役に立つこと。	(14)父母, 祖父母を敬愛し, 家族みんなで協力し合って楽しい家庭をつくること。
よりよい学校生活, 集団生活の充実	(14)先生を敬愛し, 学校の人々に親しんで, 学級や学校の生活を楽しくすること。	(15)先生や学校の人々を敬愛し, みんなで協力し合って楽しい学級や学校をつくること。
伝統と文化の尊重, 国や郷土を愛する態度	(15)我が国や郷土の文化と生活に親しみ, 愛着をもつこと。	(16)我が国や郷土の伝統と文化を大切にし, 国や郷土を愛する心をもつこと。
国際理解, 国際親善	(16)他国の人々や文化に親しむこと。	(17)他国の人々や文化に親しみ, 関心をもつこと。
D 主として生命や自然, 崇高なものとの関わりに関すること		
生命の尊さ	(17)生きることのすばらしさを知り, 生命を大切にすること。	(18)生命の尊さを知り, 生命あるものを大切にすること。
自然愛護	(18)身近な自然に親しみ, 動植物に優しい心で接すること。	(19)自然のすばらしさや不思議さを感じ取り, 自然や動植物を大切にすること。
感動, 畏敬の念	(19)美しいものに触れ, すがすがしい心をもつこと。	(20)美しいものや気高いものに感動する心をもつこと。
よりよく生きる喜び		

小学校第5学年及び第6学年(22)	中学校(22)	
A　主として自分自身に関すること		
(1)自由を大切にし、自律的に判断し、責任のある行動をすること。	(1)自律の精神を重んじ、自主的に考え、判断し、誠実に実行してその結果に責任をもつこと。	自主、自律、自由と責任
(2)誠実に、明るい心で生活すること。		
(3)安全に気を付けることや、生活習慣の大切さについて理解し、自分の生活を見直し、節度を守り節制に心掛けること。	(2)望ましい生活習慣を身に付け、心身の健康の増進を図り、節度を守り節制に心掛け、安全で調和のある生活をすること。	節度、節制
(4)自分の特徴を知って、短所を改め長所を伸ばすこと。	(3)自己を見つめ、自己の向上を図るとともに、個性を伸ばして充実した生き方を追求すること。	向上心、個性の伸長
(5)より高い目標を立て、希望と勇気をもち、困難があってもくじけずに努力して物事をやり抜くこと。	(4)より高い目標を設定し、その達成を目指し、希望と勇気をもち、困難や失敗を乗り越えて着実にやり遂げること。	希望と勇気、克己と強い意志
(6)真理を大切にし、物事を探究しようとする心をもつこと。	(5)真実を大切にし、真理を探究して新しいものを生み出そうと努めること。	真理の探究、創造
B　主として人との関わりに関すること		
(7)誰に対しても思いやりの心をもち、相手の立場に立って親切にすること。	(6)思いやりの心をもって人と接するとともに、家族などの多くの人々の善意により日々の生活や現在の自分があることに感謝し、進んでそれに応え、人間愛の精神を深めること。	思いやり、感謝
(8)日々の生活が家族や過去からの多くの人々の支えや助け合いで成り立っていることに感謝し、それに応えること。		
(9)時と場をわきまえて、礼儀正しく真心をもって接すること。	(7)礼儀の意義を理解し、時と場に応じた適切な言動をとること。	礼儀
(10)友達と互いに信頼し、学び合って友情を深め、異性についても理解しながら、人間関係を築いていくこと。	(8)友情の尊さを理解して心から信頼できる友達をもち、互いに励まし合い、高め合うとともに、異性についての理解を深め、悩みや葛藤も経験しながら人間関係を深めていくこと。	友情、信頼
(11)自分の考えや意見を相手に伝えるとともに、謙虚な心をもち、広い心で自分と異なる意見や立場を尊重すること。	(9)自分の考えや意見を相手に伝えるとともに、それぞれの個性や立場を尊重し、いろいろなものの見方や考え方があることを理解し、寛容の心をもって謙虚に他に学び、自らを高めていくこと。	相互理解、寛容
C　主として集団や社会との関わりに関すること		
(12)法やきまりの意義を理解した上で進んでそれらを守り、自他の権利を大切にし、義務を果たすこと。	(10)法やきまりの意義を理解し、それらを進んで守るとともに、そのよりよい在り方について考え、自他の権利を大切にし、義務を果たして、規律ある安定した社会の実現に努めること。	遵法精神、公徳心
(13)誰に対しても差別をすることや偏見をもつことなく、公正、公平な態度で接し、正義の実現に努めること。	(11)正義と公正さを重んじ、誰に対しても公平に接し、差別や偏見のない社会の実現に努めること。	公正、公平、社会正義
(14)働くことや社会に奉仕することの充実感を味わうとともに、その意義を理解し、公共のために役に立つことをすること。	(12)社会参画の意識と社会連帯の自覚を高め、公共の精神をもってよりよい社会の実現に努めること。	社会参画、公共の精神
	(13)勤労の尊さや意義を理解し、将来の生き方について考えを深め、勤労を通じて社会に貢献すること。	勤労
(15)父母、祖父母を敬愛し、家族の幸せを求めて、進んで役に立つことをすること。	(14)父母、祖父母を敬愛し、家族の一員としての自覚をもって充実した家庭生活を築くこと。	家族愛、家庭生活の充実
(16)先生や学校の人々を敬愛し、みんなで協力し合ってよりよい学級や学校をつくるとともに、様々な集団の中での自分の役割を自覚して集団生活の充実に努めること。	(15)教師や学校の人々を敬愛し、学級や学校の一員としての自覚をもち、協力し合ってよりよい校風をつくるとともに、様々な集団の意義や集団の中での自分の役割と責任を自覚して集団生活の充実に努めること。	よりよい学校生活、集団生活の充実
(17)我が国や郷土の伝統と文化を大切にし、先人の努力を知り、国や郷土を愛する心をもつこと。	(16)郷土の伝統と文化を大切にし、社会に尽くした先人や高齢者に尊敬の念を深め、地域社会の一員としての自覚をもって郷土を愛し、進んで郷土の発展に努めること。	郷土の伝統と文化の尊重、郷土を愛する態度
	(17)優れた伝統の継承と新しい文化の創造に貢献するとともに、日本人としての自覚をもって国を愛し、国家及び社会の形成者として、その発展に努めること。	我が国の伝統と文化の尊重、国を愛する態度
(18)他国の人々や文化について理解し、日本人としての自覚をもって国際親善に努めること。	(18)世界の中の日本人としての自覚をもち、他国を尊重し、国際的視野に立って、世界の平和と人類の発展に寄与すること。	国際理解、国際貢献
D　主として生命や自然、崇高なものとの関わりに関すること		
(19)生命が多くの生命のつながりの中にあるかけがえのないものであることを理解し、生命を尊重すること。	(19)生命の尊さについて、その連続性や有限性なども含めて理解し、かけがえのない生命を尊重すること。	生命の尊さ
(20)自然の偉大さを知り、自然環境を大切にすること。	(20)自然の崇高さを知り、自然環境を大切にすることの意義を理解し、進んで自然の愛護に努めること。	自然愛護
(21)美しいものや気高いものに感動する心や人間の力を超えたものに対する畏敬の念をもつこと。	(21)美しいものや気高いものに感動する心をもち、人間の力を超えたものに対する畏敬の念を深めること。	感動、畏敬の念
(22)よりよく生きようとする人間の強さや気高さを理解し、人間として生きる喜びを感じること。	(22)人間には自らの弱さや醜さを克服する強さや気高く生きようとする心があることを理解し、人間として生きることに喜びを見いだすこと。	よりよく生きる喜び

Q15

内容項目の相互関係

現実の生活場面にはさまざまな内容項目が混在しています。内容項目に区別して教える意味はどこにあるのですか。

A 内容項目を教えるのではなく，内容項目を切り口として子どもたちの道徳性を育みましょう。

例えば，学校で誰かを差別している友達に勇気を出して注意する場面を描いた資料があるとする。そこには「善悪の判断」「勇気」「思いやり」「友情」「社会正義」「よりよい学校生活の充実」など，いくつもの道徳的価値が混然一体となって含まれているよね。このような場合，その資料を使った１時間の授業で，どれかひとつの内容項目（例えば「友情」）だけを教えるなんてことはできるんだろうか？

学習指導要領解説（小）「第３章 第１節 ２ 内容の取扱い方」のなかに，「具体的な状況で道徳的行為がなされる場合…（中略）…一つの内容項目だけが単独に作用するということはほとんどない」と書いてあるけど，そのとおりだね。注意しないといけないのは，**道徳教育の目標は道徳性を育てることであって内容項目を教えることにとどまらない**ということだ。

人間は20前後の道徳的価値の総和でできているのではないし，内容項目の一覧表とは違った道徳的価値の整理の仕方ができないわけじゃない。

😀 例えば、「国際理解」は「相互理解」でカバーできるという見方もできるだろうし、「自律」は道徳教育全体の大きな目標とも言えるものだけど内容項目のひとつに位置づけられているね。

😃 内容項目と道徳性との関係は次のように説明できる。例えば、いい意味でカッコいいオトナとしての道徳性を備えた人は、ある場面ではほどほどの速度で自動車を運転し（節度）、ある場面では無断欠勤せずに働き（勤労）、ある場面では困っている友人を助けるだろう（友情）。これ以外にもいろんな場面が考えられるし、そこでのカッコいい振る舞いもいろいろ考えられる。内容項目はそのような道徳性の表れを便宜的に区分けして名前をつけたものにすぎない。ただ、だからといって道徳性そのものを直接育てることはできないので、節度ある運転や勤労や友達の手助けなどなどの具体的な場面での振る舞いを手がかりとして育てるしかない。

😀 なるほど。最初の資料の勇気を出して注意した子は豊かな道徳性を備えた子なのであって、「善悪の判断」＋「勇気」＋「友情」……などを合算してそのような振る舞いをしたのではないということだね。

😃 そう。だから、最初の資料で「友情」に重点を置いて授業をすることはできるけれど、そこでは「友情」だけでなく「善悪の判断」や「勇気」なども意識されないうちに育まれている。より正確には、「友情」を窓口にして道徳性が育まれているということだ。

😀 ただ、最初の資料からは離れるけど、授業のなかで「友情」自体についていろいろな角度から考える、ということも可能だよね？

😀 そうだね。手を貸してあげるのが友情だという意見もあれば、厳しく見守るのが友情だという意見もある。「友情は大事」というわかりきったことを再確認するのではなく、友情なら友情について新しい見方を獲得したり理解を深めたりするのが道徳科の授業の意義だ。だけど**そこで大切なのは、「友情」の多様な意味を字面の上で理解することじゃなく、ある状況のなかで友達にどう接するべきなのかを理解すること、もっと一般的に言い換えると、どう生きるのかを考えることだ。**授業のなかで「厳しく見守るのが友情」だと学んだからといって、どんな時にも友達に厳しく接し続けるとしたら、それは道徳性が育っているとはいえないね。まあ、そんな子はいないと思うけど。

😀 学習指導要領解説（小・中）「第3章 第1節 内容の基本的性格」のなかに「内容を端的に表す言葉そのものを教え込んだり、知的な理解にのみとどまる指導になったりすることがないよう十分留意する必要がある」、と書いてあるけど、そういうことなんだ。

😀 内容項目が区分けされているために、友情なら友情、勇気なら勇気という価値それ自体を取り上げて教えることができると思い違いをしてしまうかもしれない。だけど、最初の資料を使って「勇気」について学び、子どもたちのなかに「勇気」が育まれたように見えたとして、も

しもその子が将来（変な例だけど）空き巣に入って警察に捕まり，「道徳科の時間に学んだ『勇気』を使って大胆に押し入りました」などと供述したら，笑い話にしかならない。あるいは，状況判断を誤って明らかに危険な紛争地帯に支援の目的で「勇気」を出して飛び込み，命を落としたりしたら，笑い話にさえならない。ある状況のなかでひとつだけの価値が単独で作用するなんてことはないんだ。

🙂 内容項目として示された道徳的価値それ自体を教えることができるという考え方は，徳目主義と呼ばれていたね。

😀 そう。徳目主義は，いったん「勇気」なら「勇気」を教えてしまえば，あとはどんな状況でも勇気ある行動ができるようになるはずだ，という考えにつながっていく。でも人間はそんなに単純じゃないし，人間が置かれている状況もそんなに単純じゃない。繰り返しになるけど，道徳教育で大切なことは内容項目を教えることじゃなく，他者とともによりよく生きるもとになる道徳性を育むこと。このことを忘れないようにしたいね。

> 📖 内容項目の理解を深めることを通して子どもたちの道徳性が育っていきますが，子どもたちの道徳性がどんな状況でどんな振る舞いとして表れるのかは予測不可能です。子どものすべてをコントロールできる／しなければならないと考えるのではなく，他者としての子どもとのスリリングな共存を楽しむゆとりをもちましょう。

道徳教育と押しつけ

道徳教育が教師の価値観の押しつけになっていないか心配です。

A 「押しつけ」という見立てから離れ、子どもたちの育ちにつながる関わりを考えましょう。

道徳教育は子どもたち一人ひとりの内面的な価値観の育成に関わる教育なので、教師の価値観の押しつけになってはいけないとよく言われるね。授業のなかでも評価の場面でも、「これは自分の考えの押しつけなんじゃないか？」と悩む先生もたくさんいる。反対に、「教えないといけないことは押しつけてでも教えるべきだ」と言われることもある。これについてはどう考える？

押しつけはよくないからといって、子どもたちの意見や発言をすべて肯定したままにするのは、実際には子どもたちを放任しているだけで、育てることにはつながらないよね。だけど、子どもたちの意見や発言を「それは違う、正解はこうだ」といって真っ向から否定したら、「それなら最初から先生が正解を言ってくれればいいじゃん」と、子どもたちは自分で考えることをやめてしまい、やはり子どもたちが育つことにはつながらない。

発言を否定されたら子どもたちの心も傷つくね。**押しつけがよくないと言われるのは、子どもが自分で考えるのをやめたり、子どもの心を傷つけたりするような態度で子どもと関わってはいけないということかな。**

道徳科の時間は他の教科以上に自由に意見を言い合い，それを通して子どもたちが道徳的価値について理解を深めていけることが大事だね。先生の発言にはどうしても権威性がともなうから，子どもたちが「否定された」と感じないように注意しなければいけない。

ただ，道徳科の時間以外では，実際にはいろいろ押しつけている場面もたくさんあるよね。「廊下を走るな」とか「遅刻するな」とか。

そう。子どもが自分たちで一からきまりをつくって自分たちで守ることができればそれでいいんだけど，実際にはできないから，大人はどうしても押しつけることになる。ただそこで実際に起きていることは，大人が判断や根拠を示し，子どもが自分なりにそれを理解して受け入れているわけで，子どもがまったく自分の考えなしに服従しているわけではない。道徳科の授業でも同じことが言えると思うよ。

否定という意味での押しつけじゃなく，**大人が大人としての規範を示し，子ども自身が判断できるような働きかけが大切**ということだね。

> 「押しつけ」を回避しようとするあまり「何でもあり」になってしまうと，子どもたちは育ちません。むしろ，子どもたち自身に考えさせ育ちを促すような「押し」をどんどん繰り出していくといいでしょう。

2 道徳教育と学習指導要領

物事を多面的，多角的に考える

物事を多面的，多角的に考える学習の必要性が説かれていますが，どういうことですか。

A 今の自分の見方とは異なる観点から物事を考えてみることで，子どもたちは道徳的に成長していきます。

教科化された道徳では，物事を多面的，多角的に考える学習が強調されているね。

一般的に言って，人は自分とは異なるものの見方や考え方を取り入れることで成長していく。自分のそれまでのものの見方から離れて，別の見方から捉えてみることは，成長する上で欠かせない契機だね。

これからの時代は，自分と考えの異なる人と相互に理解しあったり協力しあったりすることがますます大切になると思うけど，その場合にも物事を多面的，多角的に考える学習は役立つかな。

そうだね。自分のものの見方に固執するだけでは他人との相互理解は望めないからね。ただ，それまでとは違う見方で物事を捉えることは，実際にはとても難しい。道徳では他人の立場に立って考えることが大事だと言われるけど，自分は他人ではないからね。

足を踏んだ人には踏まれた人の痛みは分からないよね。道徳性や想像力を育てるような，物事を多面的，多角的に考える学習とはどんなものだろう？

これまでの道徳の授業でもそのような学習が行われていなかったわけじゃないと思うよ。ひとつのクラスにはいろいろなものの見方をもった子どもたちが集まっていて、ひとつの道徳的価値についても捉え方はさまざまだ。「感謝」という価値について、「人に感謝すると自分が気持ちいい」という意見もあれば、「感謝される側は嬉しい」という意見もある。「感謝はしてるけどなかなか行動で表せない」という意見もあるし、「大げさに感謝されるとかえって居心地が悪い」という意見もある。**子どもたちの多様性を活かした授業は、そのままで物事を多面的、多角的に考えることにつながるよ。**

なるほど。そのためには気楽に発言できる授業の雰囲気が大切になるね。また、「感謝は大切だ」という前提で話し合いを進めると、タテマエを押しつけるうさんくさい授業にもなりかねない。

そうだね。タテマエに終始する授業を打ち破る手立てとして、「ねらい」にとらわれすぎないで、資料のなかのそれぞれの登場人物の視点に立って考えるやり方もあるよ。

具体的にはどんなふうにするの？

一例を挙げると、浜田廣介さんの「泣いた赤おに」は「友情」について考えさせる資料として用いられることが多い。村人と仲よくなりたい赤おにの望みを叶えようと、青おにが「村でわざと暴れる自分を赤おにが退治

2 道徳教育と学習指導要領

する」という作戦を立て、それを実行することで、めでたく赤おには村人と友達になる。けれどもその後、青おには「村人といつまでも仲よく」という書き置きを残して去っていき、それを読んだ赤おには青おにの思いやりに心を打たれる、というストーリーだ。

退治した後も自分と仲よくしていたら赤おにが村人から怪しまれる、と青おには考えたんだね。

ただ、多くの場合、赤おにと青おにの心の友情にばかり着目してしまう結果、おにと村人との友情については実に都合よく扱われている。村人の視点に立ってみると、昔々から怖い思いをさせられてきたおにが、ある日突然二人も現れて家の中で暴れる。迷惑千万なはずなのに、その後村人は手のひらを返したように赤おにと友達になる。文学としてはこれでもいいけれど、考える道徳の資料としてみると絶好の大きな矛盾がある。「どうして村人はそんなにすぐ友達になれるの？」「村人と仲よくなるためとはいえ、村人をだます手口は許されるの？」「『実は青おにもいいやつだから一緒に友達になってよ』とどうして赤おには友達である村人に言えなかったの？」、などなど。それぞれの登場人物の視点に立ってみたり、矛盾に目を向けさせたりすることで、資料の事実が示している「友情」をいろいろな角度から考える練習になる。

この話の最後は、赤おにと青おにが会えなくなってしまうんだよね。いくら友達を思っていても、別れ別れになってしまう結末を招くような行為を「友情」と呼

べるのか，という観点からの議論もできるね。

それも大きな論点だね。もしかすると赤おにはこのような結末が待ち受けていることを予想したのかもしれないけど，計画を断る勇気がなかったばかりに悲しい思いをすることになってしまった。いずれにしても，「ねらい」にとらわれるあまり，資料の一部だけを都合よく取り上げてしまうと，単純でうさんくさい授業になってしまう。私たちが生きている現実は複雑だから，資料の複雑な事実をいろいろな角度から読み解くことで，現実のなかで生きる力としての道徳性が育つと思うよ。

ひとつのモノも見る角度で違って見える

「ねらい」に縛られた読み方を離れ，資料の事実が何を示しているかに目を向けることで，多面的，多角的に考える学習ができるようになります。

2　道徳教育と学習指導要領

考える道徳の課題

考える道徳への転換が叫ばれていますが，考えさせるのは難しいです。

A 思わず考えたくなるような素材と出会わせることがポイントです。

「考える道徳」が目指されているけど，それについてどう考える？

難しい問いだね。これまでの道徳の授業の一部にわかりきったことを言わせたり書かせたりする形骸化した授業があったことへの反省や，これからの先行きが見通し難い社会のなかで自分の頭できちんと考えることのできる子どもの育成が課題になることから，考える道徳への転換が掲げられたわけだけど……。

道徳科だけじゃなく，他の教科等でも思考力の育成が課題となっているね。

そうだね。「何を理解しているか，何ができるか（知識・技能）」にとどまらず，「理解していること・できることをどう使うか（思考力・判断力・表現力等）」，さらには「どのように社会・世界と関わり，よりよい人生を送るか（学びに向かう力・人間性等）」という3つの柱からなるものとして，育成すべき資質・能力が考えられている。裏を返せば，これまでの学校教育では，子どもたちが自分の頭で考えたりよりよい人生と結びつけたりすることなしに知識や技能が教えられてきたと考えられているということかもしれない。

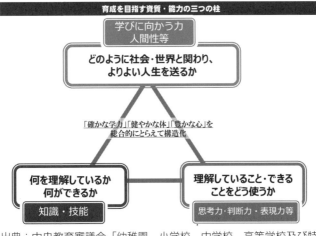

出典：中央教育審議会「幼稚園，小学校，中学校，高等学校及び特別支援学校の学習指導要領等の改善及び必要な方策等について」（答申，2016年12月）補足資料

言い換えると，これまではあまり自分の頭で考えなくてもいい時代だったということかな。先生から示される知識や技能をそのまま暗記したり体得したりすればそれだけで十分だった，と。

うーん，いつの時代にも自分の頭で考えることが大事だったことは疑いない。だけど，社会全体が物質的に豊かで便利になり，子どもの日常生活のなかから労働や体験の機会が減っていき，もっぱら「暗記学力」で子どもたちが評価され配分される社会になってからは，自分で考えることの必要性や必然性が子どもたちにあまり実感されなくなったと言えるかもしれない。

でもこれからの時代は考えなきゃいけないことが山積みだね。

2 道徳教育と学習指導要領

そうだね。例えば，豊かと言われる現代の日本で約6人に1人の子どもが貧困な生活を送っているのが現実だ。子どもは何も悪くないのに人生のスタートラインの時点で差がついている。「親がしっかり働かないからだ」「自己責任だ」という声もあるけど，意欲や心構えの問題というよりもグローバル化にともなう雇用形態の変質から引き起こされる構造的な問題という性格が大きい。こんな不平等で不公正な社会でいいのか，もっとみんなが知恵を出し合えばもっといい国にできるんじゃないか，こうした判断や意欲を育むのは道徳教育の課題と言えるし，**現実のなかの問題を示せば子どもは否応なく自分たちで考え始めるんじゃないかな。**

これから子どもたち自身がつくっていく現実の社会のことだからね。他人事じゃないんだ。

家庭や学校や地域社会での子どもたちの日常生活のなかでは子どもたち自身が気づかなかったり考えなかったりすることを学べるのが学校での授業の意義だ。道徳科の時間を，そうしたことをじっくり学べる時間にできればステキだと思うよ。

「他人と協力しなければいけない」なんてことは言葉としてはすでに子どもたちも知っているけれど，現実の題材とつきあわせて考えることで，「貧困問題のような現代の不平等は，みんなで力を合わせて解決していかなければならないんだなあ」「高齢化の問題は他人事じゃないんだなあ」といったように，「他人と協力しなければ

いけない」という言葉の意味を切実感とともに分かり直すことも，考える道徳の意義と言えるかな。

わかりきったことの繰り返しでは子どもたちは育たないからね。すぐに答えが出ないかもしれないけれど，考えることの楽しさや考え続けることの大切さを子どもたちにつかんでもらうことも大事になるね。

これからの社会は先行き不透明だとか，ロボットや人工知能の発達によって数多くの職業が消えるとか言われてるけれど，それはむしろこれまでの成功体験にしがみついている大人の

矛盾に気づくことで考えが触発される

側に適応力がないことの表れかもね。身の回りの現実の問題や矛盾と丁寧に取り組むことで，子どもたちはきちんと物事を考えられるようになると思うよ。

　子どもたちがもっている理解に対して，その理解に収まらない教材を提示し，問いを投げかけ，矛盾や疑問を生じさせることで，子どもたちは考えるようになります。考える姿勢を，子どもとともに楽しみましょう。

2　道徳教育と学習指導要領

議論する道徳の課題

議論する道徳への転換が叫ばれていますが，なかなか議論になりません。

A つぶやきを活かし，育てることがポイントです。議論自体が目的ではありません。

議論する道徳への転換が求められているね。でも小学校の高学年くらいになると，なかなか発言が出なくなる。それを議論にまでもっていくのは至難の業のように思えるんだけど，どう考えたらいいだろう？

うーん，難しい問いだね。なかなか妙案は出ないけど，ひとつは「なぜ議論にならないのか」，もうひとつは「何のために議論するのか」，を考えていくと糸口がつかめるかも。

「なぜ議論にならないのか」についてはいくつか答えが思い浮かぶね。まず，学年が上がるにつれて，道徳科だけじゃなく他の教科でも，クラスのなかで意見を言うのが恥ずかしくなる。

たしかにその傾向はあるね。意見をはっきり言うのは子どもっぽいとか，間違っていたら恥ずかしいとか，本音を出して目立ちたくないといった意識が出てくる。それに加えて道徳科の場合は，模範的な意見が要求されていると考えられているから，よけいに「優等生として見られたくない」といった意識が働くかもね。

ただ，わかりきったことを言わせたり書かせたりする授業から脱皮することが，教科化のねらいのひと

つだったね。だとすると，必ずしも模範的な意見でなくても歓迎されるはずだよね。

そういうことになるね。道徳の授業でなかなか生徒の本音が出ない，という声もよく聞かれる。先生も生徒も，道徳は「よい子」を目指す授業だという先入観に強く捉えられているから，それに反するような本音は出しちゃいけないと思ってしまう。ただ，内容項目を教える授業だと考えると模範的な答えしか出なくなるけど，**内容項目について考えることを通して道徳性を育てる授業**だと捉えれば，けっこういろんな意見は出るんじゃないかな？

例えば，「自然を保護するべきだ」という内容についてはもう生徒は分かっているし，「自然保護は面倒くさい」「自分一人くらいゴミをポイ捨てしたっていいじゃん」という本音は歓迎されにくい。なまじ本音を言ったばっかりに授業のなかで集中攻撃を受けるなんてことになると，ますます意見なんて出なくなる。でも，たしかに「自分一人くらい……」という考えのまま成長しないのは困りものだけど，まさにその生徒の今の現実からスタートしないと，きれいな理想論ばかり並べても子どもたちは育たないよね。

そうだね。

「自分一人くらい……」という本音を，自分の意見として出すのではなくて「こういう意見も考えられます」と第三者的に紹介する形で出すという方法もあるね。

うん。子どもたちが今の時点で考える範囲内では「自分一人くらい……」と思うかもしれないけれど、ゴミの処理にもお金や人手がかかることや、散らかっているゴミを他の人が見たらどう思うかといった、今の段階の子どもたちが気づかなかった観点を提示しながら考え合うと、ゴミ問題は自分に返ってくる問題なんだと、自分事として考えられるようになる。

実際、富士山のゴミやお花見の後のゴミの処理は大きな問題になっているね。「いや、自分は富士山には登らないしお花見にも行かない」と考える子どももいると思うけど、道徳の授業は「富士山に登ったらゴミを捨てないように」という具体的な内容や教材それ自体を教えるものではなく、富士山のゴミ問題を素材として「誰でもどんな場面でも生きていく上でゴミを出してしまうけど、それを自分（たち）で処理し解決していくことが自律した生き方だ」というより一般的で普遍的でステキなオトナとしての生き方に気づいてもらうものだ。この観点から授業を見直して子どもたちと話し合えば、子どもたちからはいろんな意見が出てくるよ。

「何のために議論するのか」という問いにも関わるね。

「議論する道徳」が目指されているけど、議論それ自体が目的じゃないし、議論を通して問題が解決されるかどうかという結果も目的じゃない。「ゴミ処理にどの程度のコストをかけてよいかは人によって判断が分かれ

るんだなぁ」とか「ゴミを捨てない理由にもいろいろ考えられるんだなぁ」といったように，**自分とは異なる意見に触れるなかで共によりよく生きることについて理解が深まることが議論の目的**だ。

議論を通して道徳についての理解が深まる

先生が「自然を保護しなくていいじゃん」と子どもたちをあえて挑発するというのもありかな。

クラスの雰囲気や先生と子どもたちとの関係にもよるけど，子どもたちの今の本音を先生が代弁することで子どもたちの話し合いを誘発し，よりカッコいい生き方に気づいてもらう手立てとしてはありかもね。

> 議論する道徳のためには，意見を言いやすい雰囲気づくりが欠かせません。その上で「道徳には正解はない」をいい意味で逆手に取って，「答えは出ないけれども話し合いによって一歩前進」という愉しみを子どもたちに気づいてもらいましょう。

教科書の扱い

教科書はどのように使えばいいのですか。

A 「教科書を」教えるのではなく「教科書で」教えましょう。

道徳の授業ではこれまで副読本や読み物資料が使われてきたけど、道徳が教科化されると教科書の使用義務が出てきたね。

道徳科の教科書の内容は、実際には従来の副読本や資料集とあまり変わっていなくて、これまでどおり内容項目に対応した資料が収録されている。それから、道徳科では問題解決的な学習や体験的な学習が推奨されているから、それに対応した資料や学習の進め方の手引きが載っている場合もあるね。

教科書に載っている最初の資料から順番に授業で扱うことになるのかな？

いや、必ずしもそうではないよ。各学校では道徳科の年間指導計画をつくるから、その計画に示された順序で授業を行っていくのが基本だ。ただ、**最終的にいつ、どんな資料を使って授業をするかは、子どもたちの実態にそくして、担任の先生の裁量で決めることができる**よ。もちろんその場合でも、教務主任の先生や同じ学年の他の先生と相談することは必要だけど。

教科書以外の資料や教材は使ってはダメなのかな？

そんなことはない。他の教科でも同じだけど、教科書がこの世のなかのすべてじゃなく、今は教科書以外にもさまざまな活きた情報が手に入る時代だ。

　教科書を使わないわけにはいかないけれど、それ以外の資料や教材と組み合わせることで、子どもたちの活きて働く道徳性をよりよく育むことができればさらに望ましいと思うんだ。

　日本の学校文化には、「教科書を教える」のではなく「教科書で教える」という考え方があるね。道徳科の授業にも当てはまるかな？

　道徳科の授業においてこそ、この考えは大切になってくると思う。

　「教科書を教える」のと「教科書で教える」のはそもそも何が違うんだろう？

　いろいろな整理の仕方があるけど、「教科書を教える」は「教科書に載っている内容を教える」、「教科書で教える」は「教科書を使って、教科書に載っていない何か（ものの見方や考え方）を教える」という違いがあるね。教科書はずいぶん考えられ練り上げられてつくられているし、ウソは書いてないはずだから、教科書に書いてある内容を教えることは必ずしも悪いことじゃない。これに対して、教科書を使いつつ（それ以外の教材なども使いながら）多面的、多角的なものの見方や考え方を学ぶ授業も考えられる。このような授業は「教科書で教える」授業だと言えるんだ。

2　道徳教育と学習指導要領　73

「教科書を教える」ほうは、教える事柄があらかじめひとまとまりのものとして決まっていて、先生が子どもたちにそれを受け渡すような印象がある。これに対して**「教科書で教える」ほうの教える事柄は、受け渡されるものというより、ものの見方や考え方のように、先生の働きかけによって子どもたちのなかに育まれ、子どもたちのなかで活きて働くもの**というような印象を受けるよ。

そうだね。道徳科の場合は特に、内容項目を教えることが目標じゃなく、子どもたちの道徳性を育むことが目標だから、教科書に書いてある「正解」を子どもたちに教え伝える授業じゃなく、まさに「教科書で教える」ことが大切になるかな。

例えばどんな授業が考えられる？

「手品師」という有名な資料がある。腕はいいけど売れない手品師が不遇な男の子に出会い、「明日もまた手品を見せてあげるよ」と約束して別れる。でもその夜に友人から電話で、明日大劇場でデビューする話をもちかけられ、さんざん迷った挙げ句、男の子との約束を優先する、というあらすじだ。

この資料は、「誠実」の項目に関連づけて扱われることが多いね。

うん、大劇場の話を断って男の子との約束を守る手品師の行動を「誠実」だと捉える授業が多い。でもこの資料をよく読むと、男の子のところに行くのが「誠

実」な行動だとは一言も書いてない。「男の子を誘って一緒に大劇場に行く手立てを考えようとするのも誠実の表れ」「大劇場で腕を磨き，手品でより多くの人を幸せにするのも誠実な生き方」「後日，男の子に事情を説明して謝るのも誠実な態度」といった意見が出ても不思議じゃない。つまり，「約束を守ることが誠実，守らないのは私利私欲へのとらわれ」という（一面的な解釈に基づく，分かりきった）内容を教え伝えることではなく，「誠実」という価値やその表れとしての行動をいろいろな観点から考え，子どもたちの判断力の質を高める点に，この資料を使う意義があると言える。

なるほど，まさに**「教科書を教える」**んじゃなく**「教科書で教える」**んだね。道徳の資料には「現実はこんなにうまくいくはずないじゃん」といううさんくさい話が多い（失礼！）けど，それを額面通りに受け取るんじゃなくて，その疑問や矛盾を手がかりに子どもたちのなかに何を育てたいのかを考えることが大切なんだ。

資料のあら探しゲームで終わってはダメだけど，子どもたちの道徳性の育ちにつながるよう資料をどんどん読み破っていくことは大事だと思うよ。

> 📖 「これを使うことで子どもたちはどんなことを新しく学ぶのか」この点に留意しながら教材研究を行ったり，教科書以外の教材を探したりするといいかもしれません。

Q21

問題解決的な学習

問題解決的な学習が奨励されていますが、どのようにすればいいのですか。

A 解決すること自体が目的ではありません。何が問題なのかを考え、それを解決していく過程のなかで育つ道徳性を重視しましょう。

道徳の教科化では、多様で効果的な指導方法を積極的に導入することが目指されていて、具体例として「問題解決的な学習」が挙げられているけど、どんな学習だろう?

道徳的な問題を解決する過程を通して子どもたちの道徳性が育まれる学習、と捉えられるね。

問題解決的な学習は、社会科や総合的な学習の時間などでも行われてきたと思うけど。

そう。正確にはそれは「**問題解決学習**」と呼ばれてきたよ。日本では戦後の新教育で特に重視された学習方法だ。さらにさかのぼると、アメリカの哲学者、教育学者のJ.デューイ(John Dewey)の思想に起源をもつ。**デューイは、生活のなかで問題に直面し、その問題の解決策をあれこれ考え、実際に解決策を実行してみてその結果を振り返る、という一連の過程が人間の学びであると考え、そのような学びを可能にすることが先生の役割だと考えた。**この考え方は、それまで一般的だった(今もそうかもしれないけど)、知識を系統的、一方向的に教えるのが教育だ

とする考え方を批判したもので、生活経験や問題解決のための活動を重視することから「**経験主義**」とも呼ばれる。

でも、単に活動すればいいということではないよね。

そう。活動とその結果のつながりを振り返り、それを意味づけて初めて「経験」が成立する、とデューイは考えた。たとえ問題が解決されなくても失敗から学ぶことだって立派な経験だし、ある場合には解決できて正解が得られたように見えても別の場合に解決できなかったら、そこからまた学びの過程を始めればいい。**つねによりよい答えを見つけていくことが個人や社会の発展を意味するし、先生という権威から学ぶのではなくみんなで協力して納得のいく答えを見つけていく営みが民主主義の基礎になる**、とデューイは考えた。

みんなで協力して学んでいく形態そのものが道徳的な意味をもっているんだね。ところで、道徳科における「問題解決的な学習」はその「問題解決学習」と同じなのかな？

共同的な学習の形態が道徳性を育む働きをもつ点は他教科も道徳科も同じだけど、道徳科では道徳的な問題を扱う点が違うね。

具体的には例えばどんな問題なんだろう？

うーん、実はこれまでの道徳の資料に出てくる登場人物は、ほとんどすべて道徳的な問題に直面してい

る。その意味では、問題解決的な学習はすでにたくさん行われてきたとも言える。例えば「フィンガーボール」という資料がある。女王の晩餐会に招かれた外国のお客が、指を洗うためのフィンガーボールの水を、そうとは知らず飲んでしまった。それを見た女王様もフィンガーボールの水を飲んで、お客は恥をかかずに済んだ、という話だ。女王様もフィンガーボールの水を飲むのがいいのかどうかについては議論が分かれるところだけど、例えば、お客がうっかり飲んでしまった場面でいったん区切って、誰にとって何がどう問題なのかを考えることができる。

お客は自分の振る舞いが間違いだと気づいてないけど、女王様や他の客たちは「どうしよう」と思うだろうね。授業では、その場面に含まれる問題を誰の立場からどう解決するのか、その理由はなぜかを考えることになるのかな。

そうだね。この資料では女王様はフィンガーボールの水を飲むという行為を選んでいるけど、それで問題は解決するのか。他にはどんな行為（方法）が考えられるか、それはどのような道徳的な判断によるのか、などなど。**解決方法を考えるだけでなく、それを支える道徳的な判断をめぐっていろいろな視点から考え、議論する**ことで、子どもたちの道徳性が育まれると言えるね。

この資料のお客は、別の国に行ってまたフィンガーボールの水を飲み、今度はみんなに笑われるかもしれない。そう考えると、女王様のとった行動は親切な行動

とは言えなくなるかな。かといって、それとなく教えてあげたら「こんなものを出すからだ！」といきなり逆ギレされることだって考えられないわけじゃない。資料のなかには書かれていない（しかし判断の分かれ目になるような）情報もたくさんあるし、資料の話の前にも後にも物語は伸びているはずだから、どの時点で話を区切るのか、どこからどこまでをひとまとまりの筋として捉えるのか、誰のどのような視点で捉えるのか、どのような条件を想定して判断するのかなどによって、いろいろな可能性が考えられるね。

　どれが正解かは結論づけられないかもしれないけど、**考えをめぐらせ議論することで「親切」や「礼儀」といった道徳的価値について新しい気づきがあることが大切**なんじゃないかな。

　問題は解決できるとは限らない、ということを学ぶことも大事かもしれないね。それがまた新しい学びの始まりになるだろうし。

> 「問題解決的な学習」では、その問題が登場人物だけでなく子どもたち自身にも切実なものだと感じられることがポイントになります。子どもたちを問題とどう向き合わせるか。難しい課題ですが、先生の腕の見せどころです。

2　道徳教育と学習指導要領

体験的な活動と道徳教育

体験的な活動を取り入れた学習が奨励されていますが、どのようにすればいいのですか。

A からだ全体の感覚を使うことでよりよい道徳性が育つ点に注目しましょう。

多様で効果的な指導方法として体験的な学習が挙げられているね。具体的にはどんな学習だろう？

例えば、「礼儀」という内容を扱う際に実際に礼儀正しい挨拶をしてみたり、「社会正義」について学ぶ際に、仲間はずれにする人、される人、それを見ている人というような役割に分かれて演技をしてみたり、といった学習が考えられているよ。

道徳科の時間内での、教室のなかでの体験に限られるのかな？ 例えばクラスのみんなでウサギを飼育していて、その体験をもとに道徳科の時間で行う学習は体験的な学習ではないの？

もちろんそのような学習も体験的な学習と呼んで差し支えない。学習指導要領では「道徳的行為に関する体験的な学習」という表現がされていて、教室内での道徳的行為の（疑似）体験がまずは想定されている。これに対してウサギの飼育そのものは必ずしも道徳的行為ではないし、教育課程上の位置づけも異なるけど、飼育のなかにも道徳的な価値はいろいろな形で含まれていて、それについて道徳科の時間で理解を深めることには十分意味がある。

学級活動や総合的な学習の時間と混同してはいけないけど，要は，体験を活かして子どもたちの道徳性を育む道徳科の授業を行うことがポイントだ。

　役割演技や疑似体験をしてみることは本当に効果的なのかな？　恥ずかしさが先に立ったり，わざとらしさを感じたりして，逆効果になることはないの？

　場合によってはそういうこともあるかもしれないね。道徳の教科化のねらいのひとつは，それまでの形骸化した授業を打破することだった。資料の読み取りや登場人物の心情理解にとどまっていた授業をどう乗り越えるかが課題となっている。その意味では，役割演技や疑似体験を取り入れることで授業に活気が出ることが期待される。ただ，楽しくからだを動かせばいいわけじゃなく，道徳的な学びがあるかどうかが大切だね。恥ずかしさやわざとらしさのせいで学びが得られないようでは本末転倒だ。

　体験することと学びとの間にはどんな関係があるんだろうね。座学で頭だけ働かせるより実際に体験することを通して学ぶほうが効果的な面もあると思うけど，体験すればそれがそのまま深い学びになるというものでもないと思うし。

　2つの面から考えられると思うよ。
　ひとつは，通常は精神や意識が身体をコントロールしていると思っているけれど，実際には身体は精神や意識によってコントロールできないところがある。頭では分かったつもりになっていても，実際にやってみると思いどお

りに身体が動かないなんてことは多い。「挨拶なんて簡単だよ」と思っていても，お客さんを前にすると思いのほか声が出なかったりする。あるいは，いわゆる「ヤンキー座り」で地面にしゃがみ込んでいる人たちを普通は立った状態で見下ろすことが多いけど，実際に「ヤンキー座り」をして低い視点から世界を眺めると，想像もしていなかった見え方で世界が見えたりする。**身体のいろいろな感覚を通して世界や他人と触れ合ってみると，頭や文字だけで理解するのとは違った関わりが得られる。**これがひとつ。

2つ目は？

身体を通して得られた感覚や気づきを振り返り意味づけることで初めて，自分に何ごとかがもたらされる，ということかな。「意味づける」というと大げさだけど，例えばブラインド・ウォークという目を閉じて歩いてみる活動がある。歩いている時は目が見えないので不安で必死で，何かを考える余裕なんてないけど，終わった後には「楽しかった」「目の不自由な人は大変なんだ」「自分はちゃんと目が見えてよかった」など，人によってさまざまな感想（意味づけ）をもつ。「目の不自由な人は大変だ」という気づきは「もっとみんなが公正に暮らせる社会にしなければ」という自分自身の変化や新しい行動につながるかもしれない。「自分じゃなくてよかった」といった感想はあまり変化につながらないかもしれないけど，それはそれでひとつの意味づけだね。

😀 体験の意味づけを踏まえて自分が変わっていくというところが大切ということかな。体験を踏まえて話し合うと，話し合いの言葉の重みが違うよね。生き物の飼育は「大変」という時でも，フンの後始末をする時の臭さや毎日エサをやることの面倒くささを踏まえて発せられた言葉には実感がこもっている。

😀 そうだね。現代ではSNSに代表されるような，身体感覚をともなわずにいつでもすぐにつながれるツールが発達している。対面での対話と違って相手の表情や口調などをからだ全体で感じながらやりとりしなくてもいいので楽だけど，その分，やりとりがエスカレートしやすいといった問題もある。そうでなくても現代社会は直接の自然体験や生活体験がもちにくいし，疑似体験でそれをカバーすることもなかなかできない。難しい時代だけど，できるだけからだの感覚を通した相手やモノとの関わりを大切にしたいね。

😀 教室内での限られた役割演技でも，子どもたちは実にさまざまなことを考えながら演じたり見たりしている。多様な気づきから想像力を培ってほしいよ。

> 📖 自分のからだも他者も，なかなか思うようには動きませんが，そこに思いがけない発見がある時もあります。思うようにならないからだや他者との付き合いを愉しめるといいですね。

2　道徳教育と学習指導要領

Q23

主体的な学習

子どもたちが主体的に道徳の学びに向かうにはどうすればいいのでしょうか。

A 意外性に着目してみましょう。

道徳の教科化にあたっては，子どもたちが主体的に学びに向かうことが期待されているけれど，道徳科に限らず学びを主体的なものにするのは難しいね。

学校教育の目標や内容は大人が準備したものだから，どうしても受け身の学びになることが多いね。難しい問いだけど，意外性をうまく活用するとどうかな。

意外性？

いろいろあるけど，例えば未来社会の困難な現実を子どもたちに示すこと。多くの子どもたちは今の生活は恵まれているけど，この社会には乗り越えていかないといけない課題が山積みだ。しかもその課題には今の子どもたちがいずれ取り組んでいかないといけない。「**あれっ，こんなはずでは……**」**という気づきや切実感が生まれれば，子どもたちの意識は前向きになる**んじゃないかな。

前向きになる前に絶望に陥らないような社会を子どもたちに残すことは，大人の道徳的な責任だね。

そうだね。それから，できるだけ子どもたちと一緒に学校や授業をつくること。行事を自分たちで企画運営したり，校則や授業のあり方を自分たちで見直したり

といった経験を通して，学校生活が子どもたちにとって自分事になっていく。「**あれっ，自分たちが学校を変えていっていいんだ**」という実感をもってもらえれば，そこから**当事者意識が育っていく**と思う。

その実感から生まれる主体性は，「規則の尊重」や「よりよい学校生活の充実」にとどまらず，すべての学びや学校生活全般にわたって発揮されるね，きっと。

もうひとつ，「先生も答えを知らない」ということを子どもたちに示すこと。「**先生はぜんぶ答えを知っているはず」という子どもの先入観をいい意味で裏切って，みんなで一緒に考え，よりよい答えを探していくことの楽しさや大切さを味わってもらう**のも手だと思う。

先生への信頼が損なわれては困るけど，「何をどう考えて発言してもいいんだ」という安心感や自由さは大事だね。特に道徳科の授業では大事だ。

より質の高い考え方や生き方へと大人が子どもたちを誘ってあげることももちろん大切だけど，問い続ける姿勢を子どもたちからカッコいいと思ってもらえるといいね。

> すでに知っていることを聞かされても子どもたちは育ちません。道徳に対する子どもたちの思い込みを裏切ることが，自分たちのこととして受け止めてもらうことへの一歩になるでしょう。

2 道徳教育と学習指導要領

Q24

道徳教育における言語活動

道徳教育にとって言語活動はどのような意味をもちますか。

A 自分のものの見方や考え方，他者との関わり方の育ちにとって，言葉はとても大きな役割を果たします。

道徳科においても言語活動が大切だと言われているね。

そもそも言葉は私たちの生活と切っても切り離せないね。人がお互いに何を考えているのか，たいてい言葉で伝え合うし，そもそも私たちがものを見たり考えたりする働きは言語によって規定されている。

日本語では長幼の序が伝統的に重視されてきたので「兄弟」と言うけど，英語ではその区別を重視しないので"brother"だけだね。それなんかも言葉によって世界の見方が規定されていることの例かな。

あるいは，悲しいことだけど親密な人の間での暴力は以前からあって，力の弱い人が我慢するのが当然と考えられてきたけど，それが「DV」と名づけられることで問題として浮かび上がり，社会的に議論されるようになってきた。言葉は私たちが見ている世界に区切りを入れたり物事を浮かび上がらせ存在させる働きがあるんだ。

私たちが何気なく使っている言葉がどんな社会的な背景を反映しているのか，それについて道徳科の時間に考えてみることも，より公正な住みよい社会をつくっ

ていくことのひとつの糸口になるね。

🙂 言葉は世界を写す記号であるにとどまらず，私たちは言葉でたくさんのことを行っている。「合意する」とか「約束する」などの行動は言葉でしかできないことだし，合意したり約束したりしたことをきちんと履行することも，その人が道徳的であることの表れだね。

🙂 たしかに。いくらいいことを言っても行動が伴っていないと人は信用されない。ところで道徳科の授業のなかでの言語活動についてはどうだろう？

🙂 自分とは違う考えを取り入れることで人は成長する。そう考えると，授業のなかで他の人の意見をしっかり聴くことは大切だね。活発に意見が出るにこしたことはないけれど，自分の意見を言うことにばかり一生懸命になると，人の意見を聴くことがおろそかになりかねない。

🙂 しっかり聴くってどういうことだろうね。

🙂 うーん，自分の頭のなかをからっぽにして人の言うことをそのまま受け入れるというより，**自分の考えと人の意見をつきあわせながら，どこが同じでどこが違うのか，なぜその人はそんなことを言うのか，といったことを考えながら聴く**ことかな。

🙂 意見を言う時にはクラスのみんなに聞こえるよう大きな声で言うことも大切だね。授業での意見の対立は個人攻撃とは違うということも注意しなければいけない点だ。これらのことに気づくこと自体，子どもたちの道徳

2　道徳教育と学習指導要領　87

性の育ちにつながる。ただ，いつも自信をもって大きな声で発言できるとは限らないよね。自信がないときにはどうしても小声になってしまう。

そうだね。でも，考えの揺れが表れた小声での発言や，人の発言につい反応して出てくるつぶやきも，とても大切だね。発言の順番を守る，人の発言を妨げない，根拠のある筋の通った意見を大きな声で発言する，といった態度はすばらしいけれど，誰もが一足飛びにできるようになるわけじゃないし，ルールに従った発言しか認められないとなると，発言する人が限られたり，話し合いから活気が失われたりする。

つぶやきは言ってみれば不規則発言だけど，本質を言い当てていたり，別の見方をズバリと提示していたりする場合がある。何よりも，つぶやきが出てくるのは人の意見を聴いていることの証拠だ。

人の発言の邪魔をしないなどは基本的なルールだけど，そのような共通理解を踏まえた上で，きちんとした発言と不規則発言のそれぞれを活かしていくことが，深まりのある話し合いにつながっていくと思うよ。

書くことについてはどう？

書く作業は，ワークシートを使うことが多いね。文字に書きとめることで，自分の考えをより明確に把握できるようになる。ただ，発表する時には，きちんと人に向けて自分の声を届けることに意識を向けるために，ワ

ークシートは机のなかにしまって自分の言葉で発言させている授業も多いね。

読むことについても、資料は事前に読んでおいて、授業では先生が範読した後は資料を机のなかにしまう場合も多いね。先生からの問いに対する答えを資料のなかに探すのではなく、問いについて子どもたち自身の頭で考えさせるための工夫だと思う。

資料に書かれてある事実をきちんと読み取り、それをもとに考えたり判断したりすることは大事なので、資料を机のなかにしまうことにはリスクもあるけど、肝要なのは、事実や心情の単なる読み取りにとどまらないで、子どもたち自身の道徳的な思考の深まりにつながるようなやりとりが交わされることだと思うよ。

登場人物の心情の読み取りに重点を置くのか、それともその読み取りを踏まえて子どもたち自身の道徳性を育てることに重点を置くのかという違いが、国語と道徳の違いだね。

先生が期待するような模範的な答えに縛られないで、資料を多面的、多角的に読み取り、考えをめぐらせてみると、新しい発見にもつながっていくんじゃないかな。

> 表面的にきれいな言葉で進んでいく授業より、子どもたちの「伝えたいこと」に根ざした、子どもたち自身の言葉での言語活動を大切にするといいでしょう。そのことが、一人ひとりを大切にすることにもつながります。

現代的な課題の扱い

現代的な課題と道徳教育とをどのように関連づければいいでしょうか。

A 現代的な課題を知ることを通して，子どもたちのなかに自立と連帯の道徳性を育むことができます。

資源とエネルギー，暴力と貧困，差別と人権，開発と環境保護，少子化と高齢化など，今日の社会には課題が山積みだね。学校の教育課程のなかでもいろいろな形で扱われているけど，道徳教育にも関連するよね。

道徳教育の目標は道徳的な判断力や実践意欲を育てることだけど，事実を知ることなしに育てることはできない。**他者とともによりよく生きる上で現代社会の何がどう問題なのかを知ることが最初の一歩**になるね。

現代的な課題は，これからの時代を生きる子どもたち自身にとっての課題だ。他人事ではないので，自分たち自身の問題として考えてもらえるといいね。子どもたちの理解力や生活の実態にそくして，身近な題材を切り口にして取り上げることが必要かな。

現代的課題は道徳性育成の入口

そうだね。道徳科の1回完結の授業のなかでひとつの課題を体系的に学ぶことは時間的にも難しいから，総合的な学習の時間などでの学習と連動させて，道徳科の時間には，道徳性の育成に重

点を置いた授業をすることになるかな。

現代的な課題の多くには矛盾が含まれているよね。例えば地球環境問題では，誰もが加害者であると同時に被害者だ。大人でも単純に善悪を判断できない。

そうだね，子どもたちにいきなりそんな難しい問題を考えるよう求めることはできないけど，ただ，現実のなかの矛盾に直面することで子どもたちの思考は促されるよ。また，単純に考えるのではなく複眼的に粘り強く考えることの大切さに気づいてもらえると収穫だね。

それはむしろ今の大人に必要なことのように思えるよ。でも，はっきりした答えが出たほうが先生も子どもたちもすっきりするよね。

たしかにそうだね。ただ，**世の中にはすぐに答えが出ない問いもある，ということを知っておくことも，生きる上では大切な道徳性**だと思う。意見の違う他者や，なかなか思うようにならない現実とどう関わるか，モヤモヤ感とどうつきあうか，を考える時間がたまにはあってもいいんじゃないかな。

そのための「考える道徳」の時間だね。

 現代的な課題は自分ひとりの見方や力だけでは解決できません。現代的な課題との取り組みは，物事を自分事として捉え，他人と協力して解決する姿勢が育つ絶好の機会になります。

2 道徳教育と学習指導要領

Q26

学習指導案の書き方

道徳科の学習指導案には何を書けばいいのですか。

A 主題名，ねらいと教材，主題設定の理由，指導過程，その他を書くのが一般的です。

道徳科の授業でも学習指導案を作成するよね。

学習指導案は1時間の授業の計画だ。計画を立てる作業を通して授業のねらいや流れをはっきりさせたり，子どもたちの実態をより詳しく把握したり，教材研究を深めたりする役割がある。授業の後で当初の計画とつきあわせながら省察し，授業を改善していく時にも大いに役立つ。自分自身のためにもなるし，授業を参観している人の参考にもなる。どの教科でもそうだけど，全体計画や年間指導計画，子どもたちの実態などに照らし合わせながらつくっていくことが大切だね。

道徳科の指導案にはどんなことを書けばいいのかな？

指導案の書き方は地域や学校によって違いもあるけど，一般的には**①主題名，②ねらいと教材，③主題設定の理由，④学習指導過程，⑤その他，の5事項**だね。

「単元」という事項はないの？

他の教科では，教育内容や学習活動の体系的なまとまりが一般に「単元」と呼ばれている。「大単元」

「中単元」「小単元」と階層的に整理されることもあり，ひとつの単元に数時間をかけることが多いけど，道徳科の授業は基本的に1時間で1主題を扱うから，「単元」ではなく「主題」と呼ばれるよ。

「⑤その他」とは？

「評価の観点」「板書計画」「事後指導」などだ。「評価の観点」とは，授業のねらいに照らして，この授業を通した子どもたちの育ちをどのような点に注目して評価するのかを書いたものだ。

これらの事項のほかにも，指導案の冒頭に授業の日時や教室，学年と学級，授業者の名前などが書かれるね。クラス内の男女の数が書かれることもあるけど，性的マイノリティの存在も忘れてはいけない。

指導案の基本的な「型」を身につけて授業を重ねていくうちに，次第に自分らしい色がにじみ出た指導案が書けている自分に気づいていくよ。指導案は，自分の成長のあかしが感じられる手がかりでもあるね。

 事前に学習指導案をきちんと書くことはもちろん大切ですが，いったん授業が始まると，指導案に固執せず，目の前の子どもたちと授業をつくることを心がけ，愉しみましょう（そのためには，指導案をきちんと自分のなかで消化しておくことが前提となります）。

ねらいと主題

「主題」と「ねらい」はどう違うのですか。

A この授業で何について学ぶのかが「主題」、この授業でどんな子どもに育ってほしいのかが「ねらい」です。

道徳科の学習指導案には「主題」と「ねらい」を書くということなんだけど、この2つはどう違うの?

「主題」とは、何について学ぶのかを端的な言葉で示したもの、言い換えると学習のテーマだね。年間指導計画に書かれている主題名と一致させるのが原則だ。指導案では、「相手を思いやる温かい心(B(6) 親切、思いやり)」のように、主題名と内容項目を並記することが多い。また、実際の授業では板書の最初に主題名を書くこともあるけど、これを板書することで何を学習するのか子どもたちに分かってしまい、優等生的な発言しか出なくなるおそれもある。そのため授業では、主題名そのものではなく資料名を板書することも多い。

なるほど。じゃあ「ねらい」は?

「ねらい」は、この授業を通して道徳的価値の何をどう理解してほしいのか、子どもたちの道徳性のどの様相(判断力、心情、実践意欲・態度)を育てたいのかを短い文章で表したものだ。これも地域や学校によっていろいろだけど、学習活動の中味と併せて書くと、よりわかりやすくなるかな。「マニュアル違反と知りつつお客の願

いに寄り添う行動を取ったスタッフの思いを考えることを通して、他人を思いやることの意義を理解し、思いやりをもって生きようとする道徳的実践意欲と態度を育てる」のようにね。「ねらい」のところには、使用する資料とその出典も書くよ。

😊 「ねらい」がはっきりしていないと、子どもたちに何を考え、何に気づいてもらいたいのかがあやふやになるね。

😊 そう。マニュアルに従うことの是非を手がかりにして「規則の尊重」について理解を深めるのと、お客への思いに焦点を当てて「思いやり」について理解を深めるのと、どちらにねらいを置くのかによって、授業の進め方や子どもたちの学びはまったく違ったものになるからね。

😊 1時間の授業でふたつの内容項目を扱ってはいけないの？

😊 いけないわけじゃないけど、内容項目をめぐる新しい気づきや理解の深まりが子どもたちの道徳性を育てる。時間の制約も含めて考えると、扱う内容項目はひとつがベターかな。

📖 ねらいとなる道徳性は3つの様相に分けて捉えられていますが、3つの総和が道徳性というわけではなく、どれかひとつの様相だけを育てることもありえません。あくまで重点の置き方の違いと捉え、「道徳的な人」を育てましょう。

2 道徳教育と学習指導要領

Q28

主題設定の理由

主題設定の理由とはどのようなものですか。

A 価値観，子ども観，資料観などを吟味して書きます。

「主題設定の理由」には何を書けばいいのかな？

「価値観」，「子ども観」，「資料観」という3事項について，それぞれ1～2段落程度の長さで書くのが一般的だ。事項の名称は「主題について」「生徒の実態」「資料の分析」など，別の言い方で表記されることもある。

「価値観」とは？

その授業で扱う道徳的価値（内容項目）についての分析だ。「思いやり」であれば「思いやり」という価値の意義や背景，子どもたちにとってその価値が大切である理由，その価値に対する授業者の捉え方などを書くといいね。「学習指導要領解説」に載っているそれぞれの内容項目の詳しい解説を参照することも大切だ。

なるほど。じゃあ「子ども観」は？

「子ども観」のところには，取り上げる道徳的価値に照らしてみた時のクラスの子どもたちの現状やその背景，この授業を通してどのような子どもになってほしいのかという先生の願いなどを書くよ。

😀 「資料観」は？

😊 その授業で扱う資料の分析だ。**その資料のあらすじを紹介した上で，主題に関わってその資料のどんなところがどのように有効なのか，子どもたちはその資料をどのように受け止め，何に気づき何を考え，どのように変わっていくと期待されるのか，などを書く**といいね。

😀 なるほど。「ねらい」の事項にも関連するけれど，資料の分析がきちんとしていないと，その授業で子どもたちに何を学んでどう成長してほしいのかがあやふやになるね。

😊 その通り。資料の登場人物の具体的な行動やその背後にある思いを検討することを通して，道徳的価値についてより一般的なレベルで理解を深め，子どもたちの道徳性を育むことが道徳科の授業の課題だ。

😀 **資料（教科書）を教えたり内容項目を教えたりすることも欠かせないけど，それをくぐらせることで子どもたちに道徳的な人になってもらうことを目指すのが道徳科の授業**なんだね。

📖 主題設定の理由をきちんと書くことを心がけると，先生の価値理解も深まり，子どもたちの見取りや資料の解釈も深まっていきます。

3 道徳科の授業づくり 97

Q29

学習指導過程

学習指導過程はどのように組み立てるといいですか。

A 「導入」→「展開」→「終末」という過程が定型ですが，創意工夫して自由につくってください。

学習指導過程は1時間の授業の流れを表の形式で書くんだよね？

指導過程は先生の持ち味を出して自由に展開してかまわないし，問題解決的な学習など学習方法によっても違うけど，**「導入」「展開」「終末」という過程で区切り，それぞれの時間配分を書くのが定型**かな。過程を縦軸方向の流れだとすると，**表の横軸方向には「学習活動」（主な発問と予想される子どもの反応）や「留意点」などの欄を設けることが多い**よ。

「結論」じゃなくて「終末」なの？

道徳の学びには客観的な到達度や結論がないので「終末」と呼ばれるよ。

そうなんだ。授業の最後に先生が説話をしたり，子どもたちの感想を発表してもらったりする場面のことだね。じゃあ反対に「導入」は？

「導入」は，子どもたちの意識を主題へと向ける時間だ。主題とする道徳的価値に関して子どもたちの普段の行動や考えを発表してもらったり，先生が主題を提

示したりする。時間をかけすぎないよう，また反省や懺悔の時間にしないよう，注意しないといけないね。

なるほど。それからいよいよ「展開」だね。

地域や学校によって異なるけど，「展開前段」「展開後段」に分けることができる。**「展開前段」は資料に基づいて自分で考えたり，友達と話し合ったりするなかで，道徳的価値をよりよく理解する時間**だ。

「相手に何でもしてあげるのが思いやり」と思っていたけど「あえてしてあげないことも思いやり」であることに気づく，といったことかな。なぜその価値が大切なのか，新しい理由に気づく，といったこともあるね。

そう。そして**「展開後段」は（登場人物への自我関与をふまえつつも）資料から離れ，道徳的価値のよりよい理解に照らして自分自身を見つめなおす段階**だ。

道徳の授業は資料を読んで話し合って終わりだと思っていたけど,「展開後段」という段階もあるんだね。

本来は一番大切な時間だとも考えられる。道徳的価値についての新しい理解をワークシートに書いたり，クラスメートと意見交換したり，といった活動をするよ。

なるほど。「導入」での発言と「展開後段」の発言の間に質的な高まりを期待したいね。

「この子からこんな発言が出てくるといいな」と想像しながら学習指導過程を考えてみるといいでしょう。

Q30

授業づくりの手順

道徳科の授業はどのような手順でつくっていけばいいですか。

A ①ねらいの設定，②資料の分析，③発問の構想などが主な作業になります。

　道徳科の１時間の授業は具体的にどんな手順で準備していけばいいんだろう？

　資料をもとに進める授業を例に取れば，まず①**「何をねらいとした授業を行うのかを考える」**。子どもたちの実態を踏まえて，何を学んでどんな子どもに育ってほしいのかを明確にする。

　どうしても使いたい資料が先にあって，それをもとに「ねらい」を考えるのはダメかな？

　それでも大丈夫だよ。

　ただ，教科書との兼ね合いや年間指導計画との調整を考える必要があるね。

　年間指導計画と教科書に従って機械的に授業をこなしていくこともできるけど，子どもたちの実態と教科書の資料が合っていないような場合には他の資料を自分で探して補足的に使ってもいいんだよね。

　そうだね，それも教師の専門性の裁量の範囲内だ。
「ねらい」が決まったら，「資料の分析」だ。②は**資料をいくつかの場面に分けた上で，中心場面を決める**。

　中心場面？

ねらいに照らして授業でもっとも時間をかけて考えたい場面，登場人物の行動の背後にある内面が描かれてない場面だ。資料には登場人物の行動は描いてあっても，その背後の思いや考えがすべて書いてあるとは限らない。でもこの思いや考えについて考えたり議論したりすることで道徳的価値についての理解が深まるんだ。

なるほど。

資料に出てくる登場人物は何らかの変化を見せることが多い。誰が，どのように，何をきっかけに変化したのか，といった点に着目すると，中心場面を考えやすくなる。例えば「1冊のノート」というよく知られた資料がある。物忘れがひどくなってきた祖母の起こすトラブルに対して，主人公の「ぼく」は不満をもつことが多くなっていたが，ある日，年老いていく苦悩と家族への愛情が綴られている祖母のノートを読んで心を動かされ，庭で草取りをしていた祖母と並んで草取りを始める，というあらすじだ。これは中学生向けの資料で，「家族への敬愛の念を深め，家族の一員として充実した家庭生活を送ろうとする態度を育てる（C⒁　家族愛，家庭生活の充実）」ことをねらいとして扱われることが多い。

この話だと，ノートを読んで感動した場面が中心場面になるのかな？

うーん，必ずしもそうじゃないんだ。たしかにそこはこの話の山場なんだけど，そこを取り上げて主人

公の思いを考えても、子どもたちからは「家族を大切にしないといけない」といった同じような意見しか出てこない。

だとすると中心場面は？

祖母と並んで黙って草取りをしている最後の場面が取り上げられることが多いね。ノートを読んだ時の感動が少し落ち着き、主人公の内面にいろいろな思いが去来している場面だ。登場人物が変化した場面か、その少し後の場面を中心場面にすることが多いよ。

なるほど、そうなのか。

中心場面が決まったら、③**「発問を考える」。中心場面にそくして、どのように子どもたちに問いかければねらいに迫ることができるかを考えながら発問を考える**。これからは家族に対して自分なりにできることをしたい、という思いを子どもたちにもってもらうことがねらいだから、「黙って草取りをしているぼくは、心のなかで自分に何を語りかけていただろうか？」といった発問が設定されることが多いね。

優等生的な答えしか出ないような問いじゃなく、心の揺れが素直に表れたり、いろいろな観点からの意見が出たりする問いが大事になるね。

そうだね。**「問いかけに対する子どもたちの反応をいろいろな観点から予想し、学習指導過程に書き込む」**ことも大切だ。これが終わったら、「いくつかに分け

た場面のうち中心場面への布石としてどの場面を取り上げるかを考え（1つないしは2つの場面），その場面で子どもたちにどのような問いを投げかけるかを考え，予想される子どもたちの反応を予想する」。「1冊のノート」で言えば，街中で主人公が祖母に出会った場面について，「ぼくが知らん顔をして通り過ぎたのはどんな気持ちからだろう」のような問いが考えられる。

なるほど。じゃあ，資料から離れて自分自身を見つめなおす「展開後段」はどうつくっていくの？

実際には前段と後段が明確に区別されないことも多いけど，後段では，ねらいとする「家族への敬愛」「家族の一員としての自覚」といった価値について本時の授業で何を新しく学んだか，家族生活を充実させていくために大切となる思いは何かをワークシートに書いたり，話し合ったりすることが多い。後段では資料から離れて価値を深く理解し自分自身を見つめることが大事だから，「この資料で何を考えたか」「主人公から何を学んだか」といった問いかけや感想は好ましくない。個人的な決意表明や懺悔も避けるようにしたい。

子どもたちの発言で授業を終える時には，語り合うような雰囲気で終われるといいね。

> 授業づくりの手順は指導の方法によっても異なります。決まった手順はないので，柔軟に捉えてください。

資料の扱い

道徳の資料にはどのようなものがありますか。どのように使えばいいですか。

A 教科書のほかに，映像資料，新聞や雑誌の記事など，何でも使えます。

これまでは資料を使わないで道徳の授業をする先生もいたよね。

「生活道徳」や「経験道徳」と呼ばれるもので，学校内外の日常の経験を取り上げ，それについて語り合うことを通して道徳性を育てる形式の授業だ。子どもたちが直接経験できない事柄については資料を使うこともあるけど，そうでない限りはできるだけ経験を踏まえて授業を進める。子どもたちの日常経験をもとにしているので，切実感のある語り合いが可能になる。これに対して資料を使うスタイルは「資料道徳」と呼ばれることもあったよ。

特別の教科になった後は教科書が使われるけど，それを補う意味で先生が自分で資料を準備して使っても大丈夫だよね？

もちろん。子どもたちの発達の段階に適したものや子どもたちの道徳性の育ちに役立つものであれば，映像でも新聞記事でも何でも大丈夫。

道徳科では「教科書を教える」わけじゃないけど，なぜそもそも教科書（資料）を使うのかな？

ひとつは，子どもたちが日常生活のなかで経験できないことを提示するため。もうひとつは，日常生活

からいったん距離をとって物事を考えやすくするためだね。

日常生活から距離を取るとは？

例えば学級内で起きている問題を題材として「協力」や「責任」について学ぶこともできるけれど、実際に道徳の授業でそれを話し合おうとすると、現実の人間関係の影響を受けて言いたいことが言えなかったりする。資料という架空の設定を用いることで安心して考えたり発言したりできるようになる。

なるほど。ただ、教科書に載っている話は、偉人伝にしても創作文にしても感想文にしても、いかにも「よい子になりましょう」という臭いがプンプンしていて、逆に子どもたちはわざとらしさを感じるような気がするんだけど。

そうだね。学びにとって大事なのは、やらされている学びじゃなく自分自身にとって切実感が感じられる自分事の学びだ。その意味では、わざとらしく感じられてしまう話は好ましいとは言えない。ただ、教科書の話はあくまで道徳的価値について考える材料であって、「この登場人物のように行動すること（あるいは、しないこと）が正しい」と教えるためのものじゃない。「くもの糸」（芥川龍之介）のカンダタについて、「ワガママな心をもったから糸が切れました。カンダタのようにワガママを言ったりしないで、節度ある生き方をしましょう」と教えると子どもたちはげんなりするけど、例えば「節度ある生き方を

心がけると必ず報われる（糸が切れない）のか。いい結果を期待することと節度ある生き方とは関係があるか」といった観点から考えると、「節度」という価値に関する新しい見方が得られるかもしれない。もちろん子どもたちの発達段階に応じて扱うことが大切だけど、**資料はあくまで価値について考えを深める材料**なんだ。

なるほど。「ワガママな心をもったから糸が切れた」と教えることは、「おまえの心がけが悪いから遠足の日に雨が降ったじゃないか」と友達を非難するのと同じことになってしまうね。「くもの糸」について言えば、極悪人のカンダタを出来心で助けようとするお釈迦さまの振る舞いも「節度」ある振る舞いとはいえないけど、なぜかそれは問題にされない。授業のねらいにとって都合のいいところにだけ目を向けさせるのではなく、事実に基づいて考えたり判断したりする力を育てるように使わないといけないね。

突っ込みどころが多い話でも、批判的に読み破る力を育て、価値理解が深まるような扱いをするなら、十分に意味があるということだ。

道徳の資料には、子どもたちの模範となるもの、子どもたちが共感したり批判したりするためのもの、感動や余韻を残して終わるようなものもあるね。

道徳の授業は、扱う内容項目や資料の種類によって性格がかなり違うものになる。例えば生命や崇高なものに関わるような話は、正直、大人でさえ理解できるも

のじゃない。「なぜ自分が今ここにいるのか」「よりよく生きるとはどういうことか」といった問い（もちろんこれをそのまま子どもたちに投げるわけじゃないけど）の答えは簡単には出ない。でも答えが出ないからといって意味がないわけじゃなく，問い続けながら生きることに意味があるような問いもあるよね。分かったつもりになって「教え」ようとしたりしないで，**答えの出ない問いとつきあいながら生きていくことや，考え続ける姿勢の大切さを子どもたちに示す**ことができたらそれでいいんじゃないかな。

結論が出ないことは落ち着かないことだけど，ある意味では次に進む原動力でもあるよね。全部わかってしまったら，その人にはもう発展性はない。現代社会は目に見える結果をすぐに出すことにこだわりすぎるあまり，想像力はますますやせ細っている。**結論を出さなくてもいい道徳科の授業だからこそ，資料を手がかりに問い続ける姿勢を大切に**できるといいね。

> 「子どもたちの理解力はこの程度」と見くびってきたことが道徳の資料を扱う上での問題点のひとつでしょう。資料を前に先生が真摯に頭を抱えて考え込むなど，小・中学校の道徳の授業ではありえない光景と思われるかもしれませんが，案外，未来を生きる他者としての子どもを尊重する素直な姿かもしれません。

3 道徳科の授業づくり

発問の工夫

発問を考えるのが難しいです。

A 発問を考えることは誰にとっても難しいですが,想像力を働かせることで腕を磨くことはできます。

発問を考えることは道徳科の授業づくりで一番難しいんじゃない?

そのとおりだと思うよ。目の前の子どもたちにぴったりくる資料を探すことも難しいけど,やはり先生が一番頭を悩ませるのは発問じゃないかな。

基本的なことだけど,質問と発問は違うよね?

質問は,答えが決まっていて答えを探せば答えられる問い。発問は,答えがひとつではなく,子どもたちの思考を促す問い,と捉えられる。子どもたちの思考にあえて混乱を引き起こし,それによってより深い思考へと促す発問は「ゆさぶり発問」とも呼ばれる。

尋ね方に関して注意すべき点は?

何について考えればいいのかがきちんと伝わるよう,わかりやすい言葉で簡潔に問うことかな。一度発した発問は言い換えないことも大切だね。言い換えると,何について考えればいいのか子どもたちが混乱してしまうことがある。だから事前に十分言葉を選んでおく必要があるね。子どもたちからの答えをいろいろな角度から予想して

おくことも大切だ。

道徳の授業では「基本発問」や「中心発問」があると聞いたことがあるけど。

地域によって呼び方や考え方が違う場合があるけど，**「基本発問」は指導過程を構成する発問，「中心発問」は「基本発問」のなかでいちばん大切な，道徳的価値の理解を深めるための発問**だね。「補助発問」と呼ばれるものもあって，**これは基本発問や中心発問を補い，よりよくねらいに迫るために発せられる折々の切り返し**だ。「補助発問」でゆさぶりをかけることも，道徳性を育てる上では大切なポイントになる。「基本発問」や「中心発問」は授業の前にきちんと考えておく必要がある。「補助発問」は臨機応変に繰り出してかまわないけど，事前に授業の展開を考えてある程度は準備しておくことが望ましい。

授業を準備する段階では，資料を分析した上で「中心発問」から考えるといいかな？

そうだね。
まず「中心発問」を考え，次に「基本発問」を設定し，それから「補助発問」を準備するという手順を取ることが多いね。

「中心発問」を考えるのが一番大事で一番難しいんだけど，どのように考えるといいかな？

発問は，「場面発問」と「テーマ発問」に区分される場合もある。**「場面発問」は資料の各場面にそくして登場人物（主人公）の内面を問う発問，「テーマ発問」**

3 道徳科の授業づくり

はその授業で扱う主題や道徳的価値の理解を深めることに重点を置いた発問だ。

そういう区分もあるんだね。

それで,「場面発問」のひとつを「中心発問」にする場合には,資料の中心場面に着目して発問を設定することが多いね。中心場面は主人公の思いや考えが大きく変わる場面で,そこには主人公の行動は書いてあるけどその背後にある思いや考えは書いてないことが多い。人の思いや考えはそう簡単に変わるものじゃない。葛藤を抱えているだろうし,でもやはり自分が善い／正しいと考える生き方をしないといけないと思っているだろうし,その理由もさまざまだね。**中心となる場面,ないしはその少し後の場面に着目し,そこに書かれていない主人公の内面を取り上げ,子どもたちに問いを投げかけて考えることで,道徳的価値についての子どもたちの考えが広がったり深まったりするよ。**

資料のなかに答えを探すような問いかけにしないことが大事だね。

気をつけないといけないのは,変化した主人公の思いや考えや行動が正しいかどうかは別の問題だということ。状況を踏まえて別の見方から見ると,他にも正しい判断や行動が考えられることもある。切り返しやゆさぶり発問を使いながら,価値に関わる多様な意見を子どもたちから引き出せるといいね。

「資料の主人公の行動が正しい」と教えるわけではないんだね。

そう。それから、「テーマ発問」を「中心発問」にする場合もある。「テーマ発問」自体は指導過程のいつどこで繰り出してもいいんだけど、「中心発問」として設定する時には「展開後段」に設定する先生が多い。「展開前段」での具体的な資料を手がかりとした価値理解の深まりを踏まえて、より普遍的なレベルで主題や価値について考えさせる問いになる。道徳的判断力や心情に焦点を当てると、例えば「礼儀において大切になることは何だろう」、道徳的実践意欲に焦点を当てると、例えば「よりよい家族関係を築いていくために大切になる思いは何だろう」のような問いかけになるね。

いずれにしても、ねらいに照らして授業のなかのどこでどのような発問をするのか、事前によく考えておくことが大事になるね。「中心発問」が文字通り授業の中心になるけど、そこにもっていくまでに「基本発問」として何を押さえておくのかも、おろそかにできない。

「導入」で主題に意識を向けさせる問いかけは「質問」としての性格が強いけれど、授業の最後に「導入」での子どもたちの発言を振り返るのも悪くないと思う。授業の前後で子どもたちが何に気づき、どのように考えが深まったかがわかるんじゃないかな。資料も発問も、「子どもたちはこれをどう受け止めるかな？ どう返してくるかな？」と、想像力を働かせて子どもたちの立場に立って

考えることが大切だね。

右ページの図の指導過程（例）では①〜④が「基本発問」なのかな？

そうだね。②と③は資料の場面に即した発問だから「場面発問」、④はこの授業の主題に関わる発問だから「テーマ発問」でもある。でも、厳密に区別できない場合も多いよ。ねらいに迫る切り返しの⑤や⑥のような発問は「補助発問」だ。

「中心発問」は③なの？　それとも④なの？

ねらいや授業の展開によって変わってくるよ。友達を思う心情に焦点を当てる場合には③が「中心発問」となる場合が多いけど、話の結果も含めて「友情」について考えを深めるような場合には④が「中心発問」となる。ただ、はっきりと展開の前段と後段を区別せず、③をめぐるさまざまな意見をもとに考えたことをワークシートに記入させ、それをもって展開後段とする授業も多い。④の問いを明確に立てるかどうかはともかく、授業では価値についての理解と自覚が深まることが大切だ。

③のような発問はどうつくるの？

ねらいに基づいて資料の中心場面を決め（→Q30参照）、**主題とする価値をめぐってできるだけ多様な意見や考えが出るような問いを練り上げてつくる**ことが多いよ。

答えを考えたり話し合ったりするなかで，何か新しい気づきや発見があるような発問が大事になるね。

資料「泣いた赤おに」を用いた授業の学習指導過程（例）

ねらい：「泣いた赤おに」の話をさまざまな観点から読み解くことを通して，友情のあり方をより深く理解し，友達を大切にしていこうとする判断力と心情を育てる。

	主な発問と子どもたちの反応	留意点
導入 （きづく）	1．自分の友達観を確認する ①あなたにとって友達とはどんな人のことですか？ ・一緒に遊ぶ。 ・困った時に助けてくれる。 ・ダメなものはダメときちんと指摘してくれる。	・行動面からの答えに対しては，その背後にある思いや気持ちについてさらに尋ねる。
展開前段 （とらえる）	2．資料を読んで話し合う ②青おにの計画を聞いた時，赤おにはどんなことを考えたでしょう？ ・青おにくん，ありがとう。 ・うまくいくといいな。 ・青おにに申し訳ない。 ・失敗すると二度と人間と友達になれないぞ。 ③青おにの手紙を読んだ時，赤おにはどんな気持ちだったでしょう？【ワークシートに記入，発表】 ・青おにくん，ごめんね。 ・青おにくん，ありがとう。 ・青おにはこんなにまでぼくのことを思ってくれていたんだ。 ・もう二度と青おにくんと会えないよ。戻ってきてほしい。 ・計画を聞いた時に引き止めておけばよかった。	・青おにに対する考え，赤おに自身に対する考え，計画全体に対する考えを区別しながら板書する。 ・記入後はワークシートを机のなかにしまう。
展開後段 （ふかめる）	3．「友情」についての理解を深める ④友達である上で大切なことは何でしょう？ 【ワークシートに記入，発表】 ・時には自分を犠牲にして相手を助ける。 ・何が本当に相手のためになるのかを考えて行動する。 ・どんな結果になるのかよく考えて行動する。 ・相手を信頼する。 ＊必要であれば，⑤「相手を思っていさえすれば，二度と会えなくなっても友情と呼べるの？」と切り返す。 ＊必要に応じて，⑥「日常の場面に即して言えばどうなる？」と切り返し，自分自身の問題として捉えさせる。	・一問一答ではなく，子どもたちに「語って」もらうように促す。 ・「導入」で考えた友達観と比べるよう促し，認識の深まりに気づかせる。
終末 （つなげる）	4．教師の話を聞く	・あえて失敗談を話し，子どもたち自身に活かしてもらうようにする。

資料や学習形態に応じて問い方はさまざまです。子どもたちのなかから「問い」が出てくるような資料の提示や切り返しがあってもいいでしょう。

3 道徳科の授業づくり

板書

板書を構造化するにはどのようにすればいいですか。

A 考えたい価値に関わる多面的・多角的な意見を対比させてみましょう。

道徳科の授業では板書の工夫も求められているね。

黒板ないし板書は子どもたちの共同思考の場だと言われることもある。自分や友達の意見が書きとめられ、その全体を子どもたちが見ることで、子どもたちの考えがさらに促されたり深まったりする働きをもっているね。

道徳の授業でも、せっかくいろいろな意見が出るのなら、それをうまく視覚的に対比して配置することで子どもたちの思考はもっと深まるね。具体的にはどのようにすればいいんだろう？

道徳の授業のなかにはいろいろな対比がある。例えば、「導入」の問いかけに対する子どもたちの考えと「終末」で子どもたちから出る意見の質は違っていて、

板書の例

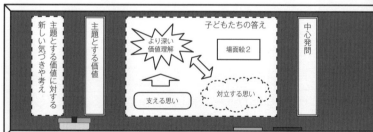

そこには新しい気づきや深まりがみられるはずだ。「導入」で出た意見は、主題への意識づけが終わるとお役ご免という場合が多いけど、授業の「終末」のところでもう一度振り返ってみると、この授業で何に気づき、何を学んだのかがより明確になる場合も多いよ。

なるほど、授業のなかで道徳性がすぐに育つわけではないけど、その授業のなかでの気づきを明確にすることは大事だね。

それから、資料を用いて進める「展開前段」にもいくつも対比がある。例えば登場人物の行動とその背後にある思いや考えの対比だ。道徳教育は、「どう行動すべき（生きるべき）か」という外面的な手立てや解決策を考えるというよりも、「なぜそのように行動すべき（生きるべき）なのか」という内面的な根拠や判断を耕すことに重点を置いた教育だ。そう考えると、「展開前段」での板書では、外面に表れた行動と内面の思いを分けて板書することが大事だね。

なるほど。

それから,「展開前段」で扱う資料のなかでは,登場人物の内面の思いが変化する場合がある。多くは模範的な方向に変化するんだけど,そうした登場人物の内面の変化を,例えば矢印などを使ってわかりやすく示すといったやり方も考えられる。あと,登場人物の内面にはほとんどの場合葛藤がある。どうすべきか分かっていても弱さに流されてなかなかできないとか,どちらの行動が相手のためになるのか判断に迷うとか。そのような葛藤を分かりやすく対比させて板書するのもひとつの手だね。

内面の葛藤には理由があるよね。分かっていてもできない,ということをめぐってもいろいろな理由が考えられる。単に「善いことをしないのは悪いこと」と切り捨てるんじゃなくて,なぜそうしないのか,いろいろな視点から考えてみることも大切だね。ところで,分かっていてもできないのは要するに分かってないということだ,という見方もあるけど,どうなんだろう?

うーん,難しい問いだね。現代社会では,「できること」が「分かっている」ことの指標のように見なされているけれど,「できること」が「分かっていること」のすべてではないし,「できること」がもてはやされ過ぎると「できない」人が切り捨てられかねない。例えば,社会生活のなかにいろいろなバリアがあるせいで車椅子の人は自由に移動「できなく」させられてしまっていることが多いけれど,その人に**「何ができるか」ばかりに着目すると,社会の問題が個人の能力の問題にすり替えられてしま**

う。「分かる」とか「生きる」には「できる」かどうかだけでは測れない豊かさがある。そうしたものへの想像力を失わないようにしたいね。ちょっと話がそれてしまったけど。

なるほど。板書に話を戻して、「展開後段」についてはどうだろう？

「展開後段」は資料の具体的な場面から離れ、価値に関してより一般的に、より多角的に、より深く考える段階だ。前段での葛藤や内面の高まりを踏まえて、例えば単に「友情は大切」で終わるのではなく、「よりよい友情を育むために大切にしたい思い」といったことが論点になる。そうすると「相手にきちんと伝える『勇気』が必要」（「友情」に関連する価値）とか、「きちんと伝えるほうが相手のため」（相手のため）とか、「友達関係で自分は後悔したくない」（自分のため）といったように、「友情」という価値に関わる意見がさまざまに出てくる。「ある価値がなぜ、どのように大事だと考えたか」「その価値の実現を妨げるものは何か」の2つを軸に意見を整理することができるんじゃないかな。

事前に価値を分析したり子どもたちの発言を予想しておくことが大きな手がかりになりそうだね。

📖 子どもたちの発言の内容を瞬時に把握し黒板の上に位置づけるのは難しいことです。子どもたちとの対話を愉しむくらいの間を取りながら板書してもいいでしょう。

ワークシート

ワークシートはどのように活用すればいいでしょうか。

A 子どもたちの考えの変化がわかるワークシートがいいでしょう。

道徳科の授業ではワークシートがよく使われるね。

授業のなかで考えを文字に書きとめる作業が入ると,少し落ち着いて考える時間になったり,考えをまとめることができたりする。発言する時も,書いたものがあれば発表しやすい。ただ,書いたものをそのまま読み上げるよりも自分の言葉でみんなに伝えることを重視して,ワークシートを書き終わったら机のなかにしまうよう指示する先生もいるね。ついでながら,読み終わった資料を机のなかにしまう授業も多いよ。先生の問いかけに対する答えを資料のなかに探さないで,子どもたちが自分で考えて答えるための工夫だ。

なるほどね。ただ,ワークシートに文字で書きとめる作業には時間がかかるよね。子どもたちの書く能力の差もけっこう大きく影響するんじゃない?

そうだね,書く能力を育てることが目的じゃないし,みんなに見せるためのものじゃないから,ポイントをしぼって自分のために書くよう指示すればいいかな。

授業のなかのどの場面でワークシートを使えばいい?

ワークシートには,「授業中に子どもが考える際の手助けとなる」という役割のほかに,「後から子どもや先生がそれを読んで,子どもの学びの深まりが分かる」という役割もある。先生にとっては評価の手がかりにもなるということだ。

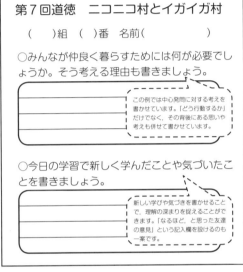

ワークシート例

第7回道徳　ニコニコ村とイガイガ村

(　)組　(　)番　名前(　　　　　)

○みんなが仲良く暮らすためには何が必要でしょうか。そう考える理由も書きましょう。

> この例では中心発問に対する考えを書かせています。「どう行動するか」だけでなく,その背後にある思いや考えも併せて書かせています。

○今日の学習で新しく学んだことや気づいたことを書きましょう。

> 新しい学びや気づきを書かせることで,理解の深まりを捉えることができます。「なるほど,と思った友達の意見」という記入欄を設けるのも一案です。

その意味では,①「**中心発問のところで先生からの問いかけに対して何を考えたか**」,②「**今日の授業を終えて,扱った主題に関して何を新しく学んだか**」といったところがポイントになると考えられるよ。もちろんこの文言をそのまま使うわけじゃないけど。

学び合いという観点から見ると,興味深いと感じた友達の発言をメモする欄を設けるのもいいかもね。

📖 子どもたちがワークシートに何を書いているかを机間巡視の時に確認して,意図的指名に役立てましょう。

授業に臨む姿勢

道徳科の授業にはどのような姿勢で臨めばいいですか。

A 道徳科の授業には先生の人柄が表れます。自分と子どもたちを信じて取り組んでください。

😊 他の教科でもそうだけど、道徳科の授業では特に先生の人柄がにじみ出るよね。

😊 そうだね。授業の定型のようなもの（「導入」「展開」「終末」）は一応あるけど、ねらいや資料や子どもたちの実態に合わせていくらでも創意工夫してやっていい。ただ、他の教科でも同じことは言えると思うよ。小学校の先生で、理科や算数は得意だけど国語や図画工作は苦手といった先生はいるし、中学校の社会科の先生でも歴史の単元は得意だけど政治や経済の単元は苦手といった先生はいる。誰だって得意な分野の教材研究は進んでするし、授業中の表情も明るい。子どもたちのことを考えると不得意な分野はないにこしたことはないけど、先生も人間だから意欲や積極性の濃淡はどうしても出る。

😊 そう考えれば、道徳科でも内容項目が4つの視点で分類してあって、例えばCの視点は得意だけどDの視点は苦手、といった先生がいるかもしれないね。あるいは、まじめな先生は授業の雰囲気もまじめだし、子どもたちを乗せるのが上手な先生の授業には盛り上がりが多いかもしれない。子どもたちもさまざまだし、先生も一人ひと

り違うから，その違いの出会いのあわいのなかで授業の味が出てくる，と考えていいかな。ただ，道徳科は他の教科と違って，目標とされる道徳性の育ちに手応えが感じられにくい。結果がすぐに目に見えて出るとは限らないので，多くの先生方は「これでいいんだろうか」「意味があるんだろうか」と考えてしまう。教科になって教科書を使えばこのような不安がなくなるというものでもない。

手応えをつかみにくいのは仕方ないんじゃないかな。人間が育つにはどうしても時間と手間がかかるから，結果のようなものはすぐには出ない。道徳科の授業で道徳的価値について理解を深め，ワークシートに模範的な意見を書いたからといって，それがどう実践に結びついているのか，なかなか分からない。道徳科の評価は，授業のなかでの個人の成長を認めて励ませばそれで十分なんだけど，でもやはりそれだけでいいのかと先生方が考えてしまう気持ちは痛いほど分かる。ただ，そういった手応えのなさへの不安は，「教育である以上，子どもたちをねらい通りに変えることができて当たり前」という誤った近代的意識の裏返しでもあるんだ。**どんなに綿密に教材研究や子ども理解を重ねても，子どもは子どもなりに世の中を見て考えながら生きている他者であって，モノや機械ではないのだから，大人が子どものすべてを操作することはできない。**だから道徳科の授業も他の授業も，思い通りにならない他者と過ごす緊張を愉しむくらいの姿勢で臨むのがいいんじゃないかな。

😊「道徳科の授業には答えがない」とよく言われるけど，反対に「教育である以上，きちんとねらいや基準をもって働きかけるべきだ」という意見もある。どうなんだろう？

😌ねらいをもって働きかけることは不可欠だけど，先生の目から見て「うまくいった」と思っても先生のねらいとは違うことを子どもたちが学んでいることは大いにある。例えば「友情」なら「友情」を「きちんと教えたはずだ」と先生が思っていても，個々に異なる具体的な場面のなかで子どもたちが先生の意図に反した振る舞いをすることはたくさんあるし，それは子どもたちが他者である以上どうしようもないことだ。また，「答えがない」というのは半分当たっていて半分違っていると思う。現代では普遍的で絶対的な規範はないけれど（例えば「殺人は悪い」という命題は普遍的で絶対的に見えるけれど，何が殺人に当たるかという具体的で実践的な話になると意見は分かれる），だからといって「何でもあり」（暴力もあり）になると多様な善さを指向する人々の共存は難しくなる。**そのつどみんなで合意や妥協のできる答えを見つけながら，それが実状に合わなくなるとまた改めて合意や妥協を模索する，という繰り返しの姿勢が大切になる**んじゃないかな。繰り返したからといって，それが最終的な真理に向かう進歩を意味するわけじゃないけど。

なるほど。具体的に授業の場面に目を向けると，どんなに発問を練ったつもりでも，なかなか思うよう

な意見が子どもたちから出てこないという点も，道徳の授業の難しさとしてよく指摘されるよ。

他者である子どもとのコミュニケーションはうまくいかないのが正常な姿だ。失敗を糧として次に活かす，この繰り返ししかない。逆に言えば，子どもが予想通りの発言を返してくれたらそれは奇跡的なことだから，子どもに感謝しなくちゃいけないね（もっとも，だからといってここでも，先生の意図どおりに子どもたちが学んでくれているという保障はどこにもないのだけれど）。ただ，人と人との関係は不思議なもので，**授業の中味は難しくても笑顔で楽しそうに教えてくれる先生の授業は楽しくて好きだ，という子どもたちはたくさんいる。先生が考えたり言ったりしていること以外の先生の姿からも，子どもたちはたくさんのことを学んでいる。**先生が誠実に子どもたちと向き合い，大人のカッコいい世界へと子どもたちを誘い，また子どもたちと一緒に失敗して真摯にウンウン考える姿勢を忘れなければ，それで十分なんじゃないかな。

> 授業の難しさを取り除くことは，残念ながらできません。研鑽を重ねればある程度余裕は生まれますが，時代も子どもも変化しているので，研鑽を続け，先生自身が古い自分を脱ぎ去っていくことも大切になるでしょう。自分の変化を愉しみながら授業に臨んでみましょう。

評価の可能性

完璧でない先生が子どもたちの道徳性を客観的に評価できるのですか。

A 客観的な評価を目指す必要はありません。子どもたちが育つように評価してください。

道徳教育において評価はもっとも難しいことのひとつだね。完璧でない自分が行う子どもたちの道徳性の評価は客観的で正しいのか、悩んでいた先生も多い。

たしかに道徳性を評価するのは難しいね。あるひとつの振る舞いについて、ある人は「親切」と肯定的に評価するけど別の人は「余計なおせっかい」と否定的に評価することもある。

道徳性を客観的に評価することはできないということかな。

道徳的な規範は時代や社会集団によって異なる相対的なものだから、厳密に言えば客観的に評価することはできないね。

でも評価すること自体が目的じゃなく、**評価が子どもたちの育ちに役立つことが大事**だから、そう考えれば評価は可能だし、意味があるよ。

客観的な評価でなくてもいいということ？

そうだね。評価というと、何かを教えた後でどの程度理解したかをテストするというイメージが強いけど、実際には3つの段階で評価は行われている。

😀 あっ，診断的評価，形成的評価，総括的評価というやつだ。

😀 専門用語で言えばそういうことだね。まず教育活動に先だって子どもたちの現状を把握するのが診断的評価。これがないと，そもそも教育活動で子どもたちがどう変わったのかを把握することができない。次に，教育活動をしている途中で子どもたちの変化の様子を把握するのが形成的評価。最後に，教育活動を終えた後で子どもたちがどう変わったかを把握するのが総括的評価。

😀 教育活動が終わった後の評価はテストという形で行われることが多いけど，教育の過程の前や途中でも先生はつねに子どもたちの様子を気にかけながら教育を行っているね。ただ，他教科だと「単元」というひとまとまりの教育活動があるから，単元の途中で子どもたちの興味や関心がどのように変化していくかを見ていくことができるけど，道徳科の場合は基本的に1時間完結の授業だから，形成的評価は難しいかな。

😀 そうだね。でも，例えばひとつの学期を通じて道徳に対する子どもたちの興味や関心がどう変わっていっているかを気にかけていく，といったことも考えられる。これも形成的評価のひとつの形になる。

😀 そうすると，どこからどこまでを教育活動のひとまとまりと見るかによって，ひとつの評価が形成的評価にもなり総括的評価にもなるね。例えば，1時間の道徳科の授業を終えた後の評価は，その時間の教育活動に対し

4　道徳教育の評価　125

ては総括的評価となるし，1学期とか1年間の道徳科の授業のまとまりのなかで捉えると形成的評価になる。

そういうことだね。

それにしても，道徳性が相対的なものだとしたら，どの段階で評価しようと，子どもたちの育ちにつながる評価は可能なのかな？

経験的な言い方になるけど，大人の目からみてその子のよいところを褒めてあげることが，育ちにつながる評価の基本だと思うよ。否定されるばかりでは，子どもたちは自分に自信をもてないし，他人から受け入れられているという感覚ももてない。

その子のよくないところをきちんと伝えることも大切だよね。

もちろん。なぜその振る舞いは良くないのか，理由とともに指摘することも大事だ。感情的で場当たり的な対応ではなく一貫した基準をもって，その振る舞いがなぜよくないのかをきちんと子どもに伝えれば，指摘されたその時はおもしろくないとしても，自分の振る舞いの意味を子ども自身が理解することにつながるし，大人がしっかり自分のことを見てくれているという感覚にもつながる。

褒めて伸びる子もいれば，厳しく叱られるほうがむしろ伸びる子もいる。その見極めが大事になるね。ただいずれにしても，その場合の指導や評価について，その子に対する自分の見方や捉え方は正しいのか，というの

が多くの先生の疑問なんだけど,それについては？

褒める方向での評価であれば,さほど問題は生じない。褒められて傷つくことはまずないからね。問題になるのは,先生からの否定的な評価と子どもの側の受け止めがズレる時かな。子どもといえども自分なりに考えながら生きているので,よかれと思ってやったことを先生が理由も聞かずに頭ごなしに否定してしまうと,子どもは傷つく。あるいは「あの先生は褒めてくれたのにこの先生は叱ってきた」ということもあるかもしれない。そういう時,大人は自分の立場を広い視野から捉えられるはずなので,「別の捉え方もあるけれど,少なくとも自分から見ると,あなたの振る舞いはこのように映る」という姿勢で子どもと向き合うことが大事になるんじゃないかな。

その先生だけがその子を育てているわけじゃなく,子どももいろんな大人と関わりながら生きているから,**いろんな大人がいろんな観点から評価してあげて,あとは子どもたちがそれを消化してくれるのを信頼して見守ればいいかもね。**

> 教育活動の前であれ途中であれ後であれ,子どもに対する先生の評価を伝えることは,ひとつの道しるべとなります。伝える内容からも伝え方からも子どもたちは多くを学び,変わっていきます。評価を信頼して受け入れてもらえる先生へと自分を磨くことも大切です。

4 道徳教育の評価

評価の方法

道徳科の評価はどのようにすればいいのですか。

A 道徳科における学習状況や道徳性の育ちを褒めてあげましょう。

特別の教科である道徳科の評価はどのようにすればいいの？

道徳教育では子どもたちの道徳性の育成が目標とされる。ただし，道徳科の授業を通して道徳性が育まれたかどうかを判断するのは難しい。かといって授業をやりっぱなしでもいけない。このような特有の事情から，次のような考え方で評価を行うこととされているよ。

①**子どもたちが自らの成長を実感し，意欲の向上につなげていくような評価**

②**数値による評価ではなく記述式による評価**

③**個々の内容項目ごとではなく，大くくりなまとまりを踏まえた評価**

④**他の児童生徒との比較による評価ではなく，その児童生徒がいかに成長したかを積極的に受け止めて認め，励ます個人内評価**

他の子どもと比較したり，客観的な基準を設定して評価するのではないんだね。

学期末に手渡される通知表のなかに道徳科の評価の欄がある。子どもの学籍や指導の過程および結果について学校側が作成し保管しておく書類である「指導要録」

にも，道徳科の評価について記述する欄がある。それらの欄への記入が先生方の実際の作業になるけど，どちらもあまり大きくないから毎回の授業の評価は書き込めない。

「指導要録」の「行動の記録」という欄は，道徳教育の評価とは異なるの？

「行動の記録」は，学校での子どもたちの行動について，項目ごとに十分満足できる状況にある場合には◯印を記入することになっている。道徳科の評価が個人内評価であるのに対して，「行動の記録」の場合は，何をもって十分満足な行動と見なすのか，学年や学校で評価基準に対する共通理解をもっておくことが大切だ。

なるほど。ただ，道徳科における子どもたちの成長をどのように見取ればいいんだろう？

それについては，次のような点を重視すべきだとされている。

①児童生徒の学習状況や道徳性に係る成長の様子について評価する。

②−1　一面的な見方から多面的・多角的な見方へと発展しているか，あるいは

②−2　道徳的価値の理解を自分自身との関わりのなかで深めているか，といった点について評価する。

「学習状況」の評価とは，達成状況や成果ではなく学習の過程を評価するということだね。「成長の様子」についても，客観的な到達度といった意味ではなく，その子のなかでどれだけがんばったか，以前に比べてどれ

だけ伸びたか、という意味での成長ということになるね。

そういうことだね。いずれにしても、褒めて励ます方向での評価が求められているし、子どもの側からすれば、それを読むことで自信を感じたり意欲がわいたりするものであることが大事だ。

ただ、いくら褒めて励ますと言っても先生の個人的な印象だけで記述するのはよくないね。

そうだね。評価に当たっては、例えば授業中の発言やワークシートなどの記録物などを手がかりにすることになる。子どもたちの道徳性は時間をかけて徐々に変容していくものだから、年間や学期といった一定の期間での変容を見取って評価したり、特に顕著と認められる具体的な状況等を記述することとされているよ。

確認だけど、この道徳科の評価は入試には使われないんだよね？

うん。道徳性の育ちの把握は他教科における「評定」や「出欠の記録」などとは性格が異なるため、道徳科の評価は調査書には記載せず、入試の合否判定には用いないこととされている。

子どもたちが傷つくことのない道徳科の評価にしたいね。

📖 授業を重ねるにつれて子どもたちの道徳的な面での変化が見て取れると思います。その変化を褒めて励ます先生の思いが子どもたちに伝わるといいですね。

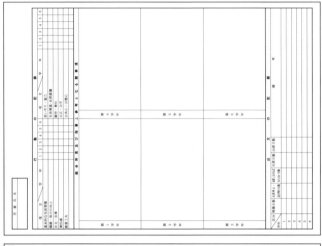

指導要録(小学校)の様式例
出典:道徳教育に係る評価等の在り方に関する専門家会議報告
「特別の教科 道徳」の指導方法・評価等について」(2016年7月)

Q38

評価の工夫

道徳科の評価の文章が毎学期同じような言葉になってしまいます。

A 先生自身の持ち味を出してみましょう。

道徳科では，子どもたちの学習状況や道徳性に係る成長の様子を評価するんだけど，毎学期「…見方が広がりました」「…考えが深まりました」といった文章だと，子どもたちは「またか」という気にならないかな？

文章での評価は実際には大変な作業だね。先生は道徳科の授業だけやっているわけじゃないし。

記述に当たってのヒントは何かある？

育てたい道徳性は３つの様相から捉えられているね。道徳的な判断，心情，それから実践意欲・態度という３つだ。また，**道徳科で扱う内容は４つの視点で分類されている。自分自身との関わり，人との関わり，集団や社会との関わり，自然や生命や崇高なものとの関わり**の４つだ。この両者をかけあわせると12のマス目の格子ができる。

なるほど。

道徳科の評価は１回の授業についての評価じゃなく，一定のまとまった期間についての大くくりの評価だから，例えばこの格子のどこかひとつのマス目を取り上げて評価してもいいし，全体として評価してもかまわない。

この格子以外にも着眼点はいろいろ考えられるけど、例えばこのような格子を通して子どもたちの学習活動を振り返れば、子どもたちの変容をつかみやすいかなと思う。

この格子の複数のマス目で子どもたちに成長が見られることも考えられるね。

そうだね。子どもたちのさまざまな学習活動や成長のどこに着目するかには、先生一人ひとりの持ち味がにじみ出る。記録物などをきちんと踏まえることも大事だけど、それをどう読み解くかは、先生と子どもたち一人ひとりの人格的な触れあいのかけがえのなさや先生方の感性にも依存している。自分自身の持ち味を信じて、それを言葉にできればいいんじゃないかな。

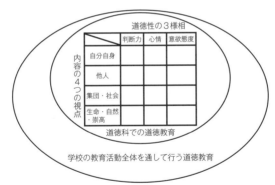

評価の際の枠組み（例）

先生自身が自分の持ち味を信頼すれば、子どもたちから、「あっ、先生はこんなところを見てくれていたんだ」と受け止められ励みになるような、素直な文章が出てくるのではないでしょうか。

教育活動全体での道徳教育の評価

授業ではよい発言をするのに好ましくない行動をとる子どもをどのように評価すればいいですか。

A 好ましくない行動に対する指導は必要ですが，通知表などに記入する必要はありません。

道徳科の授業ではよい発言をするのに，普段の学校生活では好ましくない行動を取る場合も考えられるよね。そのような子どもの評価はどのように考えればいいんだろう？

学校での教育活動全体を通じて行う道徳教育についても，よりよい生き方を求めていく子どもたちの努力を評価し，それを勇気づける働きをもつことが大切だとされている。教育活動全体での道徳教育の評価は文章で記述して子どもに伝えるものではないけど，このような評価の考え方について先生方が共通理解し，子どもたちの見取りや指導に反映させることが求められるね。

ただ，だからといって子どもたちの好ましくない行動には目をつぶり，いい面だけを褒めて励ますだけ，ということではないよね。

もちろん。道徳科の評価はあくまで授業中の学習状況や成長の様子を認めて励ますもので，学校内での普段の行動は道徳科の評価に含めない。他方，普段の行動が「好ましくない」と認められる場合には，当然ながらそ

れを改めるよう指導することになる。

😊 なるほど。ただ，例えば他人への差別を扱った道徳科の授業ですばらしい発言をしていたのに，実際にはクラスメートを差別しているような場合，道徳科の評価はどうなるんだろう？

😊 いくら発言がすばらしくても，そのようなケースは道徳科の評価の材料として取り上げないことになるだろうね。道徳科の評価は毎回の授業の学習状況について記述するわけじゃないから，取り上げない学習状況があってもかまわない。むしろ，**その子がどうして授業中はすばらしい発言をするのに普段はそれと矛盾する行動を取るのか，その理由にも目を向けながらその子と関わることが大切になる**んじゃないかな。

😊 道徳の授業はタテマエにすぎないから適当に綺麗事を言っておけばいいと考えているのかな。いくらすばらしいことを言っても行動がともなっていないと人は信頼されない。そのことも含めて指導していくことになるね。

😊 道徳科の授業になぜ効果がなかったのかを考え，授業を改善していくことも大事だね。

> 📖 道徳教育の評価は，子どもたちを励まし意欲づける方向で行うものです。子どもは単純ではないので，道徳科の授業に即効性を求めるのは控えたほうがいいでしょう。教育活動全体を通じた道徳の指導と合わせながら子どもたちを育てていきましょう。

Q40 評価と授業改善

評価を通した授業改善をどのように考えればいいでしょうか。

A 教師も子どもとともに成長するという姿勢をもち続けましょう。

教育の評価には，子どもたちの理解度や到達度を見ると同時に，授業の改善につなげるという意味があるね。ただ，道徳科の場合には，授業を通した子どもたちの道徳性の高まりを客観的に捉えることは難しい。道徳科の評価をどのように授業改善につなげればいいんだろう？

難しい問題だね。道徳性の変容はなかなか目に見えないから，授業のどこに効果があったのかを突き止めるのは難しいし，道徳科の評価は大くくりの評価だから，その評価と個々の授業を結びつけることも難しい。

道徳科の評価は，子どもたちの学習状況や道徳性に関わる成長の様子を評価するんだよね。1時間の道徳科の授業と道徳性の育ちがどのようにつながるのかを見きわめるのは難しいけど，学習状況や成長の様子に限ってみれば授業改善につなげやすいんじゃない？

そうだね。毎回の授業について評価の記録を残すわけではないけれど，授業中の子どもたちの表情や態度，応答などは先生の頭に残っている。子どもたちの学習状況を踏まえて次の授業を改善していくことは可能だね。

授業全体の組み立てを変えたり，資料の分析をさらに深めたり，発問の仕方を変えたり，子どもたちの

学習活動に変化をつけたり，といったことかな。

そうだね。道徳の授業では，授業の最初の発言と最後の発言がほとんど変わっていなくて，その授業で子どもたちが何を新しく学んだのかよく分からない場合も少なくない。でも逆に言えば，「ダメ元」でいろいろチャレンジできるということでもある。

授業をやりっ放しではダメで，子どもたちの学習状況を手がかりにして，少しでも次の授業の改善につなげる姿勢を忘れないようにしたいね。

完成した大人が未完成の子どもに道徳を教える時間ではなく，**完全でない大人が他者としての子どもとそのつど出会い直す時間として道徳科の授業を捉えるなら，子どもから学ぶことも多いだろうし，いい意味で気持ちを楽にして授業に臨める**ような気がするよ。

ダメな授業は本来あってはいけないけど，失敗しない人間はいないし，失敗から学ぶことのほうがもっと大切だね。チャレンジする先生の姿を見て，子どもたちが道徳を好きになってくれたらいいね。

> どの先生にとっても道徳の授業は難しいです。でも先生の苦い顔を見ると子どもたちはますますやる気を失います。無理にでも笑顔で楽しそうに，道徳のステキな世界に子どもたちを誘ってあげてください。

4 道徳教育の評価

道徳教育のうさんくささ

道徳教育はきれいごとにすぎないのではないですか。

A 人間のきれいでないところにも目を向けながら,ステキな大人の生き方を示してあげましょう。

道徳の時間は,先生が何を言ってほしいのか,子どもたちに答えがあらかじめ分かっていて,自分が生きていく上で役に立つ時間だったとは思えない,という声も聞かれるね。

たしかに,タテマエばかりで新しい学びのない道徳の授業があったことは否定できない。特別の教科としての道徳には,そんなタテマエの授業を打破して,子どもたちのなかで活きて働く授業に変えていくことが目指されているよ。

具体的にはどういうこと?

人間には,一方で現実に流されたり弱さに流されたりする面もある。でも他方で,よりよい生き方を目指そうとする面もある。自分のなかにあるその両面を見つめ直して,少しでもよりよい生き方を目指そうとする気持ちを育むことが道徳の授業の役割じゃないかな。

うーん,それはそうなんだけど,それだと「よりよい生き方を目指そう」という結論は最初から決まってるんじゃない?

そうも言えるけど，たとえば学級で自分に任された役割をサボりたいという心がムクムクわいてきた時，それにどうストップをかけるか，いろいろな理由が考えられるよ。「自分がサボると他の人に迷惑がかかるから」と考える人もいれば，「サボってばかりの自堕落な自分はイヤだから」と考える人もいる。

なるほど。

「サボって先生に怒られるのはいやだから」という人もいるかもしれないね。「自分に任された役割をきちんと果たす」という同じ行動でも，その理由はさまざまにある。だから，「役割はきちんと果たしましょう」という結論を掲げて「めでたしめでたし」で終わるんじゃなくて，その理由や背景に考えをめぐらし，自分にない考えに気づく部分を大切にすると，新しい学びのある授業になっていくんじゃないかな。

なるほどね。だけど，これまで自分が気づかなかった質の高い理由に気づいたとしても，すぐに実際の行動に変化は出るんだろうか。授業の時間にいくら頭のなかでいいことを考えても，実践に結びつくとは限らないんじゃない？

それはそのとおりだと思う。よほど頭をガーンと打たれるような意見にでも出合わない限り，すぐに行動が変わるなんてことはないね。でも，「おっ，あいつこんなこと考えてたのか。自分も負けられないぞ」なんて思

うことは少なくないし，授業のなかで考えをめぐらせることは意識しないうちに生徒の人となりを形づくっていくものだと思うよ。

弱さに流される面は授業のなかでどう扱えばいいんだろう？「流されっぱなしでいいよ」で終わるわけにはいかないと思うんだけど。

うん。現実に目を向けず生徒に理想ばかり要求するのが，まさに道徳授業のうさんくささのもとだったからね。ただ，人間は誰でも自分がかわいいと思っていて，まさにそこから道徳が生まれると考えることができる。つまり，**みんな「自分がかわいい」と考えているわけだから，それに根ざしながらみんなで共同生活を営んでいく上でのきまりができあがっていく**，と。

最初から「他人のことを考えなさい」という理想を押しつけるのではなく，自分を大切にすることのなかから道徳は生まれるということかな。

そうだね。それからもうひとつ，子どもから見た善さと大人の考える善さは違っていて，**子どもにはないものの見方や考え方を大人は子どもたちに示してあげることができる**。子どもの知らなかった，子どもが憧れるようなステキな生き方を子どもたちに示してあげることは，先生の大きな役割ではないかなと思う。

「明日までにこの課題をしなくちゃいけない，でもできてないからもうダメだ」と，例えばそんなふうに考えている子どもがいたとしたら，大人が「1回ぐらい

の課題で人生がダメになることなんてないんだから」という考え方を提示する，そんな話なのかな。

 あるいは，相手の発言の言葉尻だけつかまえて，一方的にこうだと決めつけて，お互いににっちもさっちもいかなくなることが（大人でも）あるけど，「言葉には字面の意味だけじゃなくて，その裏にもいろいろ込められた思いがあるんだよ」といったように，ものの見方を少し広げてあげることで衝突を回避できたり，といった例もそうだと思う。

 子どもたちが「人生ってこんなもんだ」と分かったつもりになっていたとしても，「それだけじゃないよ，もっといい生き方があるよ」と示してあげるということかな。すぐには子どもに理解してもらえないかもしれないけど，後から分かってくれるかもしれないね。「ステキだな」と憧れることは「自分もあんなになりたい」と子どもが変わっていく大きな原動力になるね。

 後から分かってくれるかもしれないという未来への想像力をもって子どもに働きかけておくことはとても大事だと思う。子どもの現在と未来の両方を複眼的に見ながら働きかけることを心がけたい。

> 子どもから憧れてもらえる「ステキな生き方」を示せるよう，カッコいい大人へと自分を磨きましょう。

5 道徳教育の原理

Q42

他律の道徳と自律の道徳，慣習的道徳と反省的道徳

道徳教育というと大人の言うことに従わせる堅苦しいイメージがあるのですが。

A 最終的には子どもたちを自立と連帯に導くのが道徳教育です。

道徳教育は，大人や年長者の言うことに従うよう子どもをしつける，という捉え方をされる場合が多いと思うんだけど。

実は道徳には2種類あるんだ。誰かがつくった既存の決まりに従う「他律と服従の道徳」と，決まりを自分たちでつくって自分たちで守り，場合によっては自分たちでつくり替える「自律と連帯の道徳」だ。**自律と連帯の道徳の力を身につけてもらうのが道徳教育の最終目標**だよ。

道徳をどちらのイメージで捉えるかによって，道徳教育の中味もずいぶん異なるんだね。

子どもの道徳性は「他律と服従の道徳」から「自律と連帯の道徳」へと変わっていくと言われている。スイスの心理学者のJ.ピアジェ（Jean Piaget）が提唱した考え方として知られているよ。アメリカの哲学者のJ.デューイは「慣習的道徳」と「反省的道徳」と言っているけど，だいたい同じ意味だね。

自分ではあまり考えずこれまでの慣習に従って行動する生き方から，自分で主体的に振り返って考えな

がら行動する生き方へと変わっていくんだね。でも，年を重ねるにつれて自然に変わるのかな？

何もしないで自然に変わるのではないと思う。まったくの独力で変わるのでもなくて，やはり人から教えられたり，経験から学んだりするなかで変わるんじゃないかな。

周囲の環境や世界との関わりのなかで人は変わっていくということだね。たぶん，ただ関わるだけじゃなくて，それまでの自分に見直しを迫るような人や出来事との関わりがポイントになるような気がする。

他律と服従の道徳　　　　　自主と連携の道徳

そうだね。発達に先回りしてあえて少し難しい課題を課すことで，発達を促すことができるとも言われる。難しすぎると解決できないので育ちにはつながらず，簡単すぎると簡単に解決できてしまうのでやはり育ちにはつながらない。ちょうどその中間くらいの領域の課題に取り組むことで発達が促される。「発達の最近接領域」と名づけられているよ。

5　道徳教育の原理

これまで自分がもっている能力では処理できない，だけど克服しなければならないような出来事と出合って初めて，子どもたちは変わっていくね。

小学校の低学年では「学校の廊下を走ってはいけない」と教えられるけど，教室で友達がケガをしてしまった時は，すぐに先生を呼びにいかないといけない。そんな状況に出合った時，「通常は廊下を走るのはよくないけど，緊急の時は注意しながら小走りで先生に知らせに行くのは許される」といったように判断基準が更新される，なんてこともこれに当てはまるかな。

でも考えてみると不思議だよね。人の言うことに従いさえすればいい他律の段階でいるのは楽なのに，どうしてわざわざ自分で判断して行動しようとする面倒な段階へと変わっていくのか。

他律的な段階から自律的な段階に変わるのは相当大変なことだと思うよ。

うーん，ただ幼稚園の小さな子どもたちを見ていても，何から何までぜんぶ先生の言うことに従ってる子はいなくて，自分でできることは自分で考えてやりたがっている。大人の目からみるとまだまだ不十分だとしても，**誰でも小さな時から自律的な面をもっていて，自律と他律を繰り返しながらだんだんと自律的な面が大きくなっていく**のかもしれないね。大人でさえすべて自律ということはなくて，人に頼ったり頼られたりすることも普通だし。これは他律というより連帯かもしれないけど。

😀 反対に，自律のほうが価値が高いからと，小さな子どもたちに最初から自律を求めてもうまくいかない。何でも「自分で考えて行動しなさい」と突き放してしまうと，かえって依存心を強めてしまったり，あらぬ方向に走ってしまったりする。他律があってこその自律，と考えることもできるかな。

😀 他律から自律への変化は直線的に進行するものではないし，ある時突然にすべて自律へと切り替わるのでもないんだろうね。大人の言うことに従わせる，というと何か抑圧的なイメージがあるけど，それは大人の決めた判断に守られているということでもあって，その保護のなかで子どもなりに考えをめぐらせることが大切なのかもしれないね。

😀 自律的な道徳教育とは，大人から見ると，自分たちのつくった決まりを子どもが打ち破っていく力を身につけることを意味するから，実は相当に難しい。でも大人には，自分たちの世界をきちんと子どもに示しながら，子どもがそれを乗り越えていくことを信頼して見守る謙虚さと忍耐強さが必要になると言えそうだね。

📖 大人に守られているという安心感のなかで子どもが自分で考えをめぐらせることが自律へとつながります。考えるヒントを提供し，後は忍耐強く育ちを見守ることが大切になるでしょう。

5　道徳教育の原理

心と環境との相互作用

道徳教育は心の教育なのですか。

A 心を形づくる環境や社会システムのあり方にも目を向けましょう。

 道徳教育は知識の教育ではなく「心の教育」だと言われることがあるね。

心の教育は特別活動や総合的な学習の時間，体験活動やカウンセリングなどにおいても行われているけれど，中心を担うと考えられているのは道徳教育かな。

道徳的な「心情」や「実践意欲」などを育むことが道徳教育の目標だからね。でも，「心を形づくる環境に目を向ける」とはどういうことなの？

まず，心というのは，直接こねて形を変えることができる粘土のような実体ではなく，自分や他人の振る舞いの背後に想定されているもの，という点に注意する必要がある。誰かが誰かを手伝っているのを見た時，私たちは「優しい心がそうさせている」と考えるけれど，何かエンジンのような心が人の体を動かしているわけではないんだ。

たしかに心そのものは見たり触ったりできないね。でも心があることは確実なんじゃない？　普段の生活のなかでも「これはやっていい，これはやっちゃダメ」などと考えながら行動してるよ。

たしかに，どうするべきかを考えてから行動することはあるね。でも，その考えや言葉が心そのものな

わけじゃない。やはりここでも，私たちは心がまずあって考えたり行動したりしているんじゃなくて，私たちはまず端的に考えたり行動したりしていて，それを振り返ったり説明したりする時に，心をもち出しているんだ。

例えば，誰かが誠実でなくなった時，「あの人は誠実な心を失った」わけではなく，ただ「あの人は誠実でなくなった」だけということかな。

そうだね。殺人の理由として「太陽がまぶしかったから」と言われても人は納得しないけど，「人間関係のトラブルから」などと言われると納得し，それ以上は追求しない。つじつまが合ってみんなが納得するかどうかが大事ということだ。このように私たちの社会は，自他の行動の説明のために心というものをもち出すという約束事で成り立っているんだ。

なるほど。それで，その約束事と「心を形づくる環境に目を向ける」ことはどんな関係があるの？

約束事であることを忘れ，心と行動が因果的に結びついている，あるいは心を直接教育できると考えてしまうと，子どもたちの自律的な道徳性の育ちが妨げられてしまう。例えば，クラスのなかで暴れている生徒がいるとする。暴れるという行動自体は褒められたものではないけど，その背景にはいろいろな理由が考えられる。

クラス内の人間関係に不満があるのかもしれないし，家で親に怒られたからかもしれない。学校の管理教育や過度な受験指導が原因かもしれないね。

そう。もちろんどれも見立てにすぎないけれど、ひょっとすると本人を取り巻く環境のほうに「問題行動」を引き起こす原因があることも十分に考えられる。だけど、「暴れるのは本人の心の問題だ」と考えて、心構えや心がけの指導に終始してしまうと、むしろ「大人は分かってくれない」という思いをますます募らせる結果になりかねない。

共感的に理解することが大切だね。でも共感的に理解するばかりで、環境の改善がなされないままだと、一時的なガス抜きに終わってしまうね。

1990年代の半ば頃から、社会のなかのさまざまな問題の原因を本人の心に求め、心の問題として解決しようとする心理主義化の傾向が強まっている。例えば、若者やホームレスが働かないのは「心がけが悪いから」と見なされ、産業構造や雇用形態の変化といった環境条件には目が向けられない。子どもたちの間の「いじめ」は道徳教育の不十分さと見なされ、国連の子どもの権利委員会が勧告しているような、日本の学校における過度の競争的環境の改善にはなかなか目が向けられない。

「自分探し」や「心のケア」などが重視されるのも同じ傾向かな。**なぜ子どもたちが「いじめ」に走るのか、その背景にある理由や子どもたちが置かれている環境に目を向けないで、いじめっ子に対して厳罰主義で臨んでも解決にはつながりそうにない**ね。子どもたちにはよい面がたくさんあるのに、学歴社会が確立されてからは、今もって「学力が高いかどうか」という基準だけで子どもた

ちを評価する社会になっている。

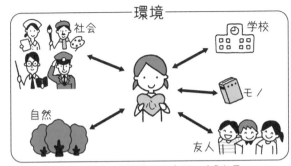

心は環境との相互作用の中でつくられる

 誤解のないように強調しておくけど、心理学の知見が間違っているとか役に立たないと言いたいわけじゃない。それで救われている子どもたちも実際たくさんいる。だけど道徳教育が子どもたちの心に焦点を当てすぎると、他律と服従の道徳にとどまるおそれが高い。むしろ子どもたちの行動の基盤である社会の環境や構造への眼差しに目を向け、掘り下げて考えることで、よりよい生き方や社会のあり方への展望が開けるんじゃないかな。

知の教育と徳の教育と体の教育は、相互に支え合っていると捉えることが大事だね。

> 道徳科の資料の登場人物をそのような行動に走らせた環境や構造は何か。この観点から資料を読み、子どもたちと話し合ってみることで、子どもたちの道徳性はより豊かに育つでしょう。

道徳は自分のため？ 他人のため？

人間は結局のところ利己的なのではないのですか。人間は利他的になれるのしょうか。

A 自己をよりよく高めていくことが，他者とよりよく生きることにつながります。

道徳というのは結局誰のためなのか，という問いなんだけど，例えば慈善事業をたくさんやっている人も，結局は自己満足でやっているのかもしれない。人間は本当に他人のことを考えられるようになるのか，という問いについてはどう考える？

道徳教育というと，「人に迷惑をかけない」よう教え育てることがすぐに連想される。自分の命を投げ出してでも他人を救った人の話を聞くと心を打たれるし，反対に，いくら善い行いでも動機が自己満足だと知ったら後味の悪さを感じる。ただ，利他心からであれ自己満足からであれ結果が同じであれば，どちらでも問題ないとも言えるね。その人の心のなかは他人にはわからないし。

なるほど。
でも利他心からの行為のほうがより望ましいということはないのかな？

これについて教育学者の松下良平氏が興味深い議論を展開しているよ。むしろ利己心を大切にするほうが他者とともによりよく生きることにつながる，と言っている。

どういうこと？

まず、利他心を強調しすぎると、自己犠牲や滅私奉公を強いることにつながりかねない。戦前は国家に、戦後は会社や組織に尽くすことが、生きる上で重視されてきた。

なるほど。

また今日では、一方で自己責任の自由競争が促され社会の分断と格差が広がっているけど、そこから目をそらすために利他心や公徳心が強調されている面もある。競争に負けても自助努力で乗り越えましょう、勝ち組に迷惑をかけないようにしましょう、といった具合に。

利他心の道徳が社会の問題や矛盾を隠すために利用されているということだね。でも、じゃあ利己心を大切にすることが他者とよりよく生きることにつながるとはどういうことなの？

ここで言われている利己心は「自分さえよければ」という考えとは異なり、**自分自身が理想とする、よりすぐれた生き方を目指すということ**だ。「自己愛」とも言われている。職業でも何でも、自分の理想を大切にして自分を磨く。そのすぐれた生き方は決して他の人の邪魔にならないし、他の人に強制されることもない。むしろ他の人から模範や目標とされることもあり、自分のしていることが他の人のためになっていると考えれば自分にとって励

みにもなる。このように，自己愛の広がりの結果が，他者とともによりよく生きることにつながるという捉え方もある。

🙂 たしかにそうだね。いろいろな会社の新商品の発表の時に「新しい生き方を提案させていただきます」といった台詞が使われている。これなんかも，よりよい商品をつくることで社会に貢献するという「自己愛」の表れと言えるかな。実際には，会社は利益をあげないとつぶれてしまうので，お客さんを利潤追求の手段として見てしまう部分がどうしてもあるけど，単に私益だけを追求し相手を手段としてしか見ないような姿勢の会社は，やはり最後には信用されないね。

🙂 また，松下氏によると，人間はこの世に生まれた時から周りの人との呼応関係のなかで育つ。赤ちゃんの泣き声やしぐさが周りの人によって解釈され意味づけられ，周りの人からの働きかけを誘い，それを受け取ることで赤ちゃんは自分の泣き声やしぐさの意味を自分でも理解していく。このような「呼びかけ」と「応答」の関係のなかで，自分が所属する社会集団のなかで善しとされている生き方を人間は身につけていく。

🙂 だとすると，**個人の考えのなかには他者や社会の考えがずいぶん入り込んでいる**ということだね。個人はまったくのゼロから自分だけの力で自分をつくりあげていくわけじゃないんだ。周囲の人からの呼びかけに応える，というのが個人と社会の基本なんだね。

😀 そう。その意味では最初に個々ばらばらの個人がいて、その個人が社会をつくりあげるというよりも、ある社会集団のなかで人が生まれ、新しく生まれた人はその社会集団の道徳的な価値観を身につけながら社会の構成員になっていくということだ。

😀 それで、もちろん社会集団はひとつではなく、個人が生きていくうちに異なる社会集団と出会うこともあれば、自分が属していた社会集団に対して疑問を感じたりすることもある。その時にもまた呼応関係が生まれ、個人と社会、あるいは社会と社会との間で、これまで善いと考えられてきたことへの問い直しが行われれ、ともによりよく生きるための新しい善さが追求されるのか。

😀 そうだね。その時の問い直しは自然な呼応関係というよりも言葉を用いた対話によってなされることになるけど、いずれにしてもよりよい生き方に向けて自分を磨くという意味での自己愛は、強制なしに他者とのよりよい共生を実現する手がかりになるという捉え方は大きな参考になると思うよ。

> 📖 子どもが大人になっていく過程では、大人に子どもを従わせる一方的な関係よりも「呼応関係」が大きな役割を果たしています。大人は子どもに利他心を求めがちですが、そのひとつ手前の「呼応関係」に目を向けることで、子どもと大人、さらには今後の社会のよりよい展望が開かれます。

現代社会と子どもの道徳性

今日の子どもたちの道徳性は低下しているのでしょうか。

A 子どもたちの道徳性は必ずしも低下していません。子どもへの眼差しの変化に注意する必要があります。

道徳の教科化の背景として子どもたちの間の「いじめ」が取りざたされたけど、昔の子どもに比べて今日の子どもの道徳性は低下しているんだろうか?

必ずしもそうとは言えないよ。広田照幸氏の研究によると、子どもたちの凶悪犯罪は1950年代や60年代に比べると格段に減っている。戦後の混乱期や高度経済成長期に比べると、**社会全体がはるかに安定化し落ち着いているから、逆に子どもたちが少しでも問題を起こすとずいぶん目立つようになり、「道徳性が低下したのでは?」と騒がれる**ということだ。子どもたちを見る大人の眼差しが変化したということだね。

たしかに、1970年代から80年代にかけて吹き荒れた校内暴力も激しかったね。それに比べると今日の子どもたちはおとなしい気がする。ただ、学校での暴力の発生件数はずいぶん多くなっているようだけど……。

調査方法が異なるので単純な比較はできないけど、文部科学省の「児童生徒の問題行動等生徒指導上の諸問題に関する調査」によると、小学校から高等学校までを合わせた暴力行為の年間の発生件数は2009(平成21)年

度に6万1千件近くにのぼり，過去最高となっている。ただ，数の増加とあわせて暴力の質の変化も指摘されている。**80年代頃までの暴力は「意志のある暴力」**で，大人社会や学校や教師に対する反発から生まれたものだった。これに対して**90年代以降は「未熟さゆえの暴力」**と呼ばれていて，通常だと言葉で問題を解決できるはずの年齢になっても，気に入らないことが起きるとすぐに手や足が出る。

それが件数の多さにもつながっているのかな。

幼少期の素手でのケンカはむしろ奨励されることが多く，ケンカの時の身体の痛みを通して子どもたちは，なぜ暴力がダメなのか，なぜ話し合いで解決しなければならないのかを自分自身で学んでいく。でも今日では，先生自身はケンカの大切さを理解しているけど，子どもがケガをしようものなら保護者が黙っていないので，先生は先回りしてトラブルを回避しようとする。その結果，身体を通した判断能力が育たないまま子どもたちは大きくなってしまう，という見立ても十分成り立つ。

子どもの行動を表面だけで判断してはダメで，その意味をきちんと捉えないといけないね。

> 子どもたちの道徳性が低下しているように見えるとすれば，それは道徳性が育まれにくくなった社会の表れかもしれません。反面，今を生きる子どもたちの振る舞いから大人が学ぶことも多いかもしれません。

5 道徳教育の原理

現代家族と道徳

道徳教育は本来家庭で行われるべきものではないのですか。

A 歴史的に見ると家族の形は多彩です。多彩な家族のあり方を考えることも道徳教育の大切な課題です。

道徳教育は本来家庭で親が行うものという考え方も根強いけど、それを学校で教科として教えていくことの意義について、どんなふうに考える？

多くの場合、家庭は子どもが生まれ育つ第1次的な場なので、子どもはまず親がしつけるべきだという考えが出てくるのはもっともだ。ただ、歴史的に見ると日本でも高度経済成長期以前は、子どもは家庭というより地域のなかで、さまざまな大人との関わり（特に労働）を通してしつけられていた。そこでは親の教育方針よりも「世間からみて恥ずかしくない生き方」のほうが大事だった。高度経済成長期以降、核家族という形態が広まり、子どものしつけに対する親の責任がクローズアップされるようになったけれど、「家庭での道徳教育」という考え方は歴史の一時期に誕生した考え方だと言えるね。家族愛や母性愛といった感情も、本性的なものではなく歴史社会の変化のなかで生まれたものと考えられているよ。

なるほど。

ただ、以前の「村のしつけ」のほうがよかったわけではないと思うけど。

そうだね。当時は地域共同体の価値観に合わせることが大切で，個人の尊重という考えは弱かった。今日の核家族では親が子どもに誰にも邪魔されずに教育的な愛情を注ぐことができるけど，子どもを「保護する」ことに傾きがちで，「独り立ちさせる」ことへの意識は弱い。

家族の形態も今日ではいろいろだね。

うん。今日では実にさまざまな家族の形態や実態があり，なかには，悲しいことだけど，親から暴力や虐待を受ける子どもも多い。その面でも「子どもの道徳教育は本来親が行うべきものだ」という言い方は実情に合わなくなってきている。ただ，実の親であれ育ての親であれ，あるいは親ではない立場の人であれ，子どもたちが育つためには自分を慈しみ受け入れてくれる大人の存在が欠かせない。子どもたちは，小さい時は大人から愛情を注がれ，大きくなると今度は大人として（家庭を築き）子どもたちに愛情を注ぐ側になる。**多様な家族のあり方を尊重することや，そこでの親子（あるいは大人と子ども）の関係について考えを深めることも，これからの学校での道徳教育に求められる課題になる**んじゃないかな。

📖 何か（誰か）を愛するよう子どもに強いることはできません。好きになるかどうかは相手に決定権があることだからです。子どもから好きになってもらえるよう，大人は自分を磨いていきましょう。

現代の学校と道徳

学校での道徳教育に効果があるように思えないのですが。

A さまざまな子どもたちが集まる学校という場は、それだけで道徳性の育ちに大きな影響をもっています。

学校での道徳教育に効果があるのか？ これは社会の疑問、あるいは場合によっては先生方の疑問でもあったりするのだけど、これについてはどう考える？

たしかに、週に1時間の道徳の授業がどれだけ効果を収めているのかを数値で示すことは難しいし、やっても意味がない。むしろ数値で示せないような効果を共通に理解できる点こそ、人間の想像力のすばらしさじゃないかなと思う。

例えば大学でのレポート課題は1点きざみでは採点されないけど、でも分かる人が読んだら自分の頭で考えて書いたレポートなのか、ネット上の情報を写しただけなのかはだいたい分かって、評価も「優良可」といった大くくりの評価になっている。子どもたちの行動もひとつひとつ点数化できないけど、見る人が見たらだいたいの育ちは分かる。**見えにくい効果について語るには、大人や社会の側の成熟度が問われる**んだね。

家庭や地域で慣習的な道徳が無反省に教えられるのとは違って、学校はそういった地域の伝統や因習などからいったん離れて、よりよい社会をどのようにつくっ

ていくかを考える場という特徴をもっている。さまざまな価値観や背景をもった子どもたちが、お互いに切磋琢磨し合える学校という環境は、それだけで子どもたちの道徳性を育む大きな機会になっていると言えるよ。

ただ、いろいろな子どもたちがいるというそれだけで相乗効果が発揮されるとは限らない。子どもたちをうまく関わらせながら育てることが先生の腕の見せ所だと思うけど、今日ではなかなか難しそうだね。

学校や社会のいろんな場面で選択と競争と分断が進んでいるからね。切磋琢磨してみんなが育ち合う競争というよりも、何ごとも自己責任で、自分（自国）だけが勝ち残ればよしとする競争になっている。「コミュニケーション能力」が他人と了解しあうためではなく他人や他社を蹴落とすためのものになっている面もある。

グローバル化のなかで学校がますます競争的になるのは仕方ないのかな？

そうしたことも含めて、これから私たちが他人（他国）とともにどんな社会、どんな国、どんな世界を作りたいのか。これを考えることができるのも学校での道徳教育ならではだと思うよ。

> むやみに速効性を求めず、多様性という学校の長所を活かしながら、より幸せな共存のあり方を探っていきましょう。

5 道徳教育の原理

道徳教育の歴史

道徳教育の歴史を学ぶことに意味はあるのですか。

A 歴史を通して多面的, 多角的なものの見方を育むことができます。

歴史は暗記科目だと考えている人は多いけど, 道徳教育の歴史を学ぶことには何か意味があるのかな？

歴史については,「誰が誰に向けて語っている歴史なのか」を考えることが大切だね。例えば「1492年にコロンブスがアメリカ大陸を発見した」と学ぶけど, それはヨーロッパ的な見方であって, アメリカ大陸の先住民はその「発見」の前からちゃんとそこに住んでいた。

視点の取り方によって異なる歴史の意味づけ方ができることには注意が必要だね。それで, 日本の道徳教育の歴史はどんなふうに語られるのかな？

まずは明治における近代国家の建設が大きな画期になる。それ以前にも儒教道徳の影響は大きかったし, 地域や身分によってさまざまな道徳規範があったけれど, **1872（明治5）年の「学制」によって初めて, 近代学校で**の道徳教育が行われるようになった。

「修身」という教科が設けられたんだよね。

そう。「修身口授（ギョウギノサトシ）」と呼ばれていて, 教師の説話を中心とする授業だった。下等小学校14教科の第6番目の教科で, 当初はあまり重視されて

いなかったけど，1880（明治13）年の「改正教育令」では「筆頭教科」に置かれたよ。

そうだったの。

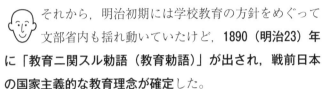それから，明治初期には学校教育の方針をめぐって文部省内も揺れ動いていたけど，**1890（明治23）年に「教育ニ関スル勅語（教育勅語）」が出され，戦前日本の国家主義的な教育理念が確定**した。

勅語は法律ではなく天皇の意思を表明した文章だね。

そう，当時は国家の統合を図ることが最優先課題だったから，教育勅語では，いったん国家に緊急事態が起きたら一身を国家に捧げ，永遠に続く皇室を支える人間になることが教育の最終目的とされていた。その後，日本がアジア太平洋戦争への道を進んでいくにつれて，修身は，軍国主義の思想を教え込む授業になっていった。

教科書はどうなっていたの？

明治初期にはヨーロッパで使われている道徳教科書の翻訳などが使われていたけれど，1880（明治13）年の『小学修身訓』を皮切りに文部省が編集したものが使われるようになった。1903（明治36）年には教科書は国定制になり，1945（昭和20）年の敗戦まで5回改訂されている。当初は近代的な市民道徳も盛り込まれていたけど，次第に儒教道徳と国家主義に重点が置かれるようになった。

5 道徳教育の原理

ふーん。そうして1945（昭和20）年に日本は敗戦を迎えるね。

敗戦後，日本の国政は連合国軍最高指令官総司令部（GHQ）の管理のもとに置かれ，軍国主義の解体と民主化が図られた。1945（昭和20）年の教育指令によって修身は停止され，**戦後の道徳教育は，1947（昭和22）年に新設された社会科を中心に学校の教育活動全体を通じて行うものとなった（全面主義道徳）**。1947（昭和22）年には「個人の価値」の尊重を基盤とし「人格の完成」を教育目的に掲げた教育基本法が制定され，翌年には国会の衆参両院で教育勅語の排除と失効が議決されている。

じゃあ，いつから週1時間の道徳が行われるようになったの？

1958（昭和33）年の2学期からだよ。特別に設けられた時間なので**「特設道徳」**とも呼ばれた。東西冷戦の激化を背景に政府高官が愛国心の教育を求めたり，少年非行が増加し子どものしつけの問題が危惧された時代でもあった。特設道徳は修身の復活ではないかと激しい反対論も起きた。

ただ，教育課程上は「領域」という位置づけだったよね。

そう，だから教科書ではなく副読本や資料集を使って授業が進められてきた。そして**2018（平成30）年度から道徳は「特別の教科」として位置づけなおされた**んだ。これまでの形骸化した道徳授業への批判や「いじめ」

などの社会問題化，それから現代のグローバル化への反動としての新保守主義の高まりなどが背景として挙げられるね。

道徳教育に関わる主なできごと

1872（明治5）年	「学制」頒布，修身の設置
1880（明治13）年	改正教育令，修身が筆頭教科に
1890（明治23）年	「教育ニ関スル勅語」渙発
1945（昭和20）年	ポツダム宣言を受諾して敗戦，修身の停止
1947（昭和22）年	教育基本法公布施行
1958（昭和33）年	道徳の時間の特設
2006（平成18）年	教育基本法改定
2018（平成30）年	「特別の教科 道徳」開始

道徳教育は政治社会の動きと切り離して考えられないね。

そうだね。それから，戦前と戦後で道徳教育の理念は大きく変わったけど，戦前戦後のさまざまな組織の無責任体制（笑）に見られるような，心性のようなものはあまり変わっていないとも言える。道徳教育の歴史についても多面的，多角的に見ていくとおもしろいと思うよ。

📖 歴史のなかで抑圧，排除された側の視点に立ってみることで，無意識のうちに身につけている支配者側，多数者側の見方を学び捨てる（unlearn）ことが可能になります。

今後の社会と道徳教育

これからの社会ではどのような道徳教育が求められるのでしょうか。

A 皆で知恵を出しあい力を合わせて幸せに生きられる社会を目指すことが課題となるでしょう。

道徳教育の歴史を考えることと並んで、これからの道徳教育のあり方を考えることも大切だと思うけど、今後はどんな道徳教育が求められていくだろう？

将来を予測するのは難しいけど、ある程度予測できることもあるね。例えば日本の人口の減少と少子高齢化の進行だ。これからますます私のような高齢者が増えていき……。

それを言ったらだめ、私よりも若い（笑）。

そうだね（笑）、ともあれお年寄りが増えて若い人が減る。税収は減るのに社会保障費の支出は増える。若い人が全員投票に行っても、お年寄りの絶対数が多いのでお年寄り向けの政策が優先されてしまうかもしれない。今は政府が国民からの借金で財源の半分程度をまかなっているけれど、その累計額は1千兆円を超えていて、将来世代の負担は増え続けている。子どもを産んで育てる仕事や生活の環境も十分に整備されているとは言えない。気がつくと若い世代へのバトンタッチがうまく進まない社会になってきている。

大人世代が自分たちのことしか考えてこなかったってことかな？

うーん、どうだろう。ともあれみんなが「よかれ」と思ってやってきたのに、国全体でみるとうまく回らなくなってきていることは事実だ。

みんなで知恵を出しあってよりよい社会を創っていく

これは社会科やシティズンシップ教育で扱う問題でもあるけど、道徳教育にも関わるね。

そう、政治社会の仕組みをどうしていくかという問題は、仕組みに関わる知識の問題でもあるけれど、まだ生まれてきていない将来世代の幸せをどう考えるかという道徳的な心情や判断力、それから想像力に関わる問題でもある。**事実に関わる知識から切り離して道徳性だけ育てることはできないんだ。**

ただ、これは今後の若い人たちへの道徳教育の課題というより、今を生きている大人の宿題のような気がするよ。

たしかにそうだね。

若い人たちに希望をもってもらえるような世界を受け渡すことが大人の課題なんだけど、残念ながら先行きは不透明だ。どれが正解か確実なことがいえない社会になっていくけど、それでも若い人たちはそのような社会を生きていかないといけない。**みんなで知恵を出し合い協力しあいながら、ともに生きていくような態度を育むことが、若い人たちに残してあげられる道徳教育のひとつじゃないかな。**

自己責任や競争が強調されているけれど、むしろ連帯という観点が大切なんだね。

国外に目を向けても、排外主義や自国中心主義が広まっている。宗教的、民族的な不寛容も広まっているし、あちこちで対立や紛争が起きている。理由も解決策も一筋縄ではいかないけれど、長期的に見ると排他的な考えでは状況は好転していかないのではと思う。

たしかに。ただ、国際的な連帯も大切だとは思うけど、だからといって連帯を「強制」するのもおかしいのでは？

そうだね。道徳教育の方法にも関わるけど、みんなで仲よくするよう無理強いすることはできないし、みんなが同じ考えをもつよう仕向けることも健全とはいえない。人はみんな違った存在だから、「違うけれども友達、違うからこそ友達、違うからこそ高め合える」といった実感を子どもたちにもってもらうことがカギになると思う。

😊「みんな同じ」という考え方は，異質なものの排除に転化しがちだよね。でも，考えの違う人とは実際あまり仲よくなれないんじゃない？

😊たしかに，好きになれない人といつも仲よくする必要はないんだけど，少なくとも暴力的な対立は避けることについては相互理解が成り立っていることが大事になる。**相互の承認という最低限の基盤を共有すること，その上で必要に応じて異なる意見を出し合って切磋琢磨したり新しいものを創り出したりすること**，これらの大切さを子どもたち自身が実感してつかめるようなやり方が求められるんじゃないかな。

😊最初はあまり仲よくなかったけど，つきあっているうちに仲よくなることもあるね。その逆もあるけど，ともあれ自分も相手も時間の流れとともに変わっていくから，今の自分がすべてじゃないし今の相手がすべてじゃない。いいと思っていたことが悪く見えてくることも，その反対もある。見えていないものに思いを馳せる姿勢さえ忘れなければ，みんなで前に進める気がするよ。

📖 みんながよかれと思ってやってきたのに思わしくない結果になることはよくあります。人間は自分の生活をすべて自分でコントロールできるわけではありません。思うようにいかない部分への想像力を失わないようにしながら，皆で知恵を出し合いながら進んでいきましょう。

道徳は教えられるのか

そもそも道徳を教えることはできるのですか。

A 完璧でないオトナであればなおさら，子どもたちの道徳性を育てることができます。

最後の最後に，そもそも道徳を教えることはできるのかどうか，あらためて考えてみたいのだけど。

すべての学問は知を愛するという意味での哲学から始まっているね。「それは本当なのか」「なぜなのか」という問いを大切にするところが学問の発展の基礎にある。逆に言えば，すべてを理解したと考えたとたんに歩みは止まる。また，真理を探究していく歩みのなかでは数多くの失敗があり，失敗から学ぶことも大切だ。道徳は教えられるのかという問いについても，性急に答えを出すのではなく問い続ける姿勢が大切かなと思うよ。

完璧だと自負する大人より，完璧な人などいないことを自覚している大人のほうが道徳教育には向いているかな。「自分の考えは正しい」と思っていても，状況が変わるとそれが必ずしも正しくないことはよくあるね。

そうだね。「教える」と言っても，先生が言ったことを暗記させ復唱させることから，考えるヒントを与えることまで，いろんな意味がある。特に道徳教育の場合，最終的には相手が自律的に判断して他人とともによりよく生きることが目的だから，先生が例えば「誠実」や「公平・公正」ということについて「うまく教えることが

できた，子どもたちは理解してくれたはずだ」と思っていても，別の新しい状況に直面した時に子どもたちが予想外の行動を取ってしまう可能性は排除できない。その意味で，道徳を教えるとは，大人としての状況認知と判断を直接間接に示してあげること，自分の生き方に子どもたちがあこがれてくれるよう自分を磨くこと，あとは子どもたちを信じて任せること，あたりになるんじゃないかと思う。

大人と子どもが手を携えて幸せに向かう

何が正しいかは状況によって変わるけど，どんな状況でも自分も相手も大切にできて，ともに幸せに過ごすことができるような，しなやかな生き方ができたらいいね。何が「しなやかな生き方」なのかについて，自分と相手の理解が一致しているかどうか確かめようがないのでやっかいなんだけど……。

「子どもは思い通りに動かせるはずだ」と考えると先生も子どもも苦しくなります。思い通りに動かない相手とともに生きることを愉しんでみましょう。

■ブックガイド■

道徳教育と道徳科の授業について考えてきたけど、道徳性の育成は高邁な使命である反面、正直なところ捉えどころがない面もあるね。道徳教育について考える手がかりとなる本にはどんな本があるかな？

実際の道徳科の授業をどのように進めればいいのかについては、**赤堀博行編『道徳授業の定石事典―確かな指導観に基づく授業構想 低学年編～高学年編』（明治図書, 2012年）**や**加藤宣行『加藤宣行の道徳授業 考え, 議論する道徳に変える指導の鉄則50』（明治図書, 2017年）**に具体的な事例やヒントがたくさん示されていて、とても参考になる。道徳科では質の高い指導方法の例として「読み物教材の登場人物への自我関与が中心の学習」のほかに「問題解決的な学習」や「道徳的行為に関する体験的な学習」が例示されているけど、これらの指導方法については**柳沼良太『問題解決的な学習で創る道徳授業 超入門「読む道徳」から「考え, 議論する道徳」へ』（明治図書, 2016年）**や**諸富祥彦『「問題解決学習」と心理学的「体験学習」による新しい道徳授業』（図書文化, 2015年）**が参考になると思う。それから、**パオロ・マッツァリーノ『みんなの道徳解体新書』（ちくまプリマー新書, 2016年）**は、道徳教育がタテマエに終始しがちな理由を鋭く指摘した上で今後の道徳教育への示唆を与えてくれる、とても刺激的な本だ。

なるほど。じゃあ道徳科の評価については？

評価の要点をコンパクトにまとめてあるものとして、**永田繁雄編『「道徳科」評価の考え方・進め方』（教育開発研究所, 2017年）**があるよ。通知表や指導要録の「特別

の教科 道徳」の欄についてだけでなく，指導要録の「行動の記録」欄との異同についても言及してある。

🧑 道徳の教科化は短期間のうちに推し進められたね。本ではないけれど，道徳教育政策に関わる文書なども基本的な資料として大切じゃない？

👴 そうだね。この本のなかではいちいち引用や参照の箇所を挙げてないけど，以下の文書などはいずれも大きな役割を果たしているので，押さえておきたいね。

・2008（平成20）年1月　中央教育審議会「幼稚園，小学校，中学校，高等学校及び特別支援学校の学習指導要領等の改善について」（答申）〔道徳の教科化を見送り〕
・2013（平成25）年2月　教育再生実行会議（総理の私的諮問機関）「いじめの問題等への対応について」（第一次提言）〔「いじめ」対策を主な理由として道徳の教科化を提言〕
・2013（平成25）年12月　道徳教育の充実に関する懇談会「今後の道徳教育の改善・充実方策について―新しい時代を，人としてより良く生きる力を育てるために―」（報告）〔道徳の教科化を提言〕
・2014（平成26）年10月　中央教育審議会「道徳に係る教育課程の改善等について」（答申）〔道徳の教科化を答申〕
・2015（平成27）年3月　文部科学省「小・中学校一部改正学習指導要領」〔「特別の教科 道徳」を教育課程に位置づけ〕
・2016（平成28）年7月　道徳教育に係る評価等の在り方に関する専門家会議「「特別の教科 道徳」の指導方法・評価等について」（報告）
・2016（平成28）年12月　中央教育審議会「幼稚園，小学校，中学校，高等学校及び特別支援学校の学習指導要領等の改善及び必要な方策等について」（答申）
・2017（平成29）年3月　文部科学省「小・中学校学習指導要

領」

・2017(平成29)年6月・7月　文部科学省「小・中学校学習指導要領解説 特別の教科 道徳編」

あらためて見ると、急ピッチで教科化されたことがわかるね。ところで、道徳教育の本質や原理について知ろうと思うと、どんな本が参考になる？

まず挙げたいのは、**村井実『道徳は教えられるか』(国土社、1967年)**〔現在は『村井実著作集4　道徳は教えられるか／道徳教育の論理』（小学館、1987年）に所収〕だね。今から50年も前の本だけど、道徳教育の基礎に置かれる「善さ」の理性主義的分析から始まって、道徳を教えるとはどういうことかが平易に、かつとても奥深く説かれている。

いつの時代にも新しく読み直される価値があるという意味での古典なんだね。

比較的新しいものでは、**松下良平『道徳教育はホントに道徳的か？ 「生きづらさ」の背景を探る』（日本図書センター、2011年)**、**河野哲也『道徳を問いなおす—リベラリズムと教育のゆくえ』（ちくま新書、2011年)**が示唆的だと思う。前者は共同体論的な立場から、後者はリベラリズム的な立場から、道徳の成り立ちや現代社会における道徳の意義について論じられているよ。

なるほど。道徳教育の歴史についてはどう？

江島顕一『日本道徳教育の歴史—近代から現代まで』（ミネルヴァ書房、2016年)は、明治期から現代までの道徳教育の通史としてまとまっている。**行安茂『道徳「特別教科化」の歴史的課題—近代日本の修身教育の展開と戦後の道徳教育』（北樹出版、2015年)**では、道徳教育を担った人物の思想と方法論が丁寧に論じられている。

😊 道徳教育の歴史に関して、人々の根底を流れる心性のようなものは変わりにくいと話していたけど、道徳の心性史のような本はあるの？

😊 うーん、難しい問いだけど、あえて**ジョン・ダワー『敗北を抱きしめて―第二次大戦後の日本人』（増補版、上下巻、岩波書店、2004年）** を挙げておきたい。

😊 これって、戦後日本の政治社会史の本じゃない？

😊 そう。直接に道徳を論じた本ではないんだけど、戦後の政治社会の丹念な描写のなかに、日本の民衆の「他者とともによりよく生きる」姿（の理念と現実）が見事に浮かび上がってくる。単に戦後の一時期だけの話じゃなくて、戦前にも現代にも通じるものが含まれていると思う。外国の歴史家の視点から書かれているという点もポイントのひとつかな。このような民衆の心性の視点から逆に、学校での道徳教育を眺めてみるのも興味深いよ。

😊 なるほどね。ところで、これまで二人で話してきたなかで、しばしば道徳が社会との関わりで取り上げられているけど、これについては？

😊 例えば、**広田照幸『教育言説の歴史社会学』（名古屋大学出版会、2001年）** では、大人の眼差しの変化のために、子どもたちの道徳性が低下し少年犯罪が凶悪化したように見えることが、説得的に論証されている。**河野哲也『「心」はからだの外にある―「エコロジカルな私」の哲学』（NHKブックス、2006年）** は、人間の心や内面が個人のからだのなかに実在するものではなく社会的に想定された約束事であることを分かりやすく論じている。**小沢牧子『「心の時代」と教育』（青土社、2008年）** では、心を直接に扱ったり改善したりできるとする政策や風潮が広まることで、いかに人々が

ブックガイド 173

自己責任論の呪縛や異質なものを排除しようとする発想に捕らわれ「生きづらく」なっているかが論じられている。

うーん、ただ一般に道徳教育は子どもの心を耕す教育だと捉えられていて、「心はからだの外にある」と言われても、道徳の授業をどうすればいいのか戸惑う人も多いんじゃないかな。

いや、意外と簡単なことだと思うよ。何らかの道徳的な「問題行動」に関して、その「人」を責める発想に替えて、そのような「問題行動」を生み出さないような社会のあり方をみんなで考え、議論して探る方向へと転換すればいいだけだ。その作業のなかで道徳性が十分に育まれる。「人」と「問題」を切り離して捉える視点さえ身につければ、人に優しい道徳授業になるよ。

そうなんだ。

情報モラルについてはこの本のなかで特に取り上げていないけど、例えば**土井隆義『つながりを煽られる子どもたち―ネット依存といじめ問題を考える』（岩波ブックレット、2014年）**や**藤野寛『「承認」の哲学―他者に認められるとはどういうことか』（青土社、2016年）**などを読むと、今日の「（ネット）いじめ」をはじめとする問題行動は、単に思いやりなどの心構えのレベルの問題ではなく、SNSの発達と同調圧力の強まりといった、子どもたちの生活環境の変容を視野に入れて考えるべき問題だということがよくわかる。

やはり、人だけでなく社会の側にも目を向けることが大切なんだね。目に見えるものだけじゃなくて、目に見えないものにまで想像力を働かせることが大事。そうしたことを道徳科の授業のなかで考え、議論していけると「他者とともによりよく生きる」ことにつながるね。

おわりに

　最後までお読みくださり，ありがとうございました。道徳科の授業を行うに当たって「明日間に合う」内容ではなかったかもしれませんが，これから先いつでも立ち返って参照してもらえる内容になっていればと思います。

　私たち2人は転勤により偶然にも，沖縄，富山，愛知で一緒に仕事をすることになりました。人々の暮らしや考え方がずいぶん違うことを肌で感じ，多様な人々がいることこそ，人間の生活の難しさでもありおもしろさでもあることを実感してきました。異質なものを理解するための美的な想像力の研究という点も，2人の偶然の共通点でした。

　今日，同調圧力と自国中心主義が広がり，息苦しさと生きづらさ，相互の無理解と不寛容が増しているように感じます。違いを認め合い，違いを互いに取り入れることで，互いに高め合っていける——このような考え方が道徳教育では大切なのではないかと考えます。子どもも大人も，少しでも生きやすい世の中になればいいなぁ，そのための道徳科の授業になればいいなぁ，と願っています。

　最後になりましたが，明治図書編集部の木村悠さんには言葉に表せないほどお世話になりました。心よりお礼を申し上げます。

2018年1月

野平慎二・竹井　史

【著者紹介】

野平　慎二（のびら　しんじ）
愛知教育大学教育学部教育科学系教授。1964年広島生まれ。広島大学，リューネブルク大学（ドイツ）にて教育哲学，教育思想史を学ぶ。琉球大学，富山大学での勤務を経て現職。専門は教育哲学，道徳教育。著書として『ハーバーマスと教育』（世織書房，2007年），Bildung jenseits pädagogischer Theoriebildung?（Wiesbaden : VS Verlag, 2010年），『「特別の教科 道徳」が担うグローバル化時代の道徳教育』（北大路書房，2016年，共著），訳書としてモレンハウアー『回り道－文化と教育の陶冶論的考察』（玉川大学出版部，2012年），リット『歴史と責任』（東信堂，2016年）ほか多数。

竹井　史（たけい　ひとし）
愛知教育大学教育学部創造科学系教授。1959年大阪生まれ。琉球大学，神戸大学，筑波大学にて教育学，美術教育学を学ぶ。富山大学での勤務を経て現職。愛知教育大学附属名古屋小学校校長等を歴任。専門は美術教育学，幼児の造形・遊び。著書として『子どもの表現活動と保育者の役割』（明治図書，1998年，共著），『新図工科授業づくりのアイデア集 全6巻』（明治図書，2007年，共編著），『作って遊べるカンタンおもちゃ』（ひかりのくに，2012年），『まいにち ぞうけい 115』（メイト，2017年）ほか多数。

〔本文イラスト〕木村美穂

道徳科授業サポートBOOKS
道徳授業が不安な先生のための特別の教科道徳入門

2018年4月初版第1刷刊 2022年10月初版第2刷刊　Ⓒ著　者		野　平　慎　二 竹　井　　　史
発行者		藤　原　光　政
発行所		明治図書出版株式会社

http://www.meijitosho.co.jp
（企画）木村　悠（校正）中野真実
〒114-0023　東京都北区滝野川7-46-1
振替00160-5-151318　電話03(5907)6702
ご注文窓口　電話03(5907)6668

＊検印省略　　　組版所　長野印刷商工株式会社

本書の無断コピーは，著作権・出版権にふれます。ご注意ください。

Printed in Japan　　　ISBN978-4-18-202122-0
もれなくクーポンがもらえる！読者アンケートはこちらから →